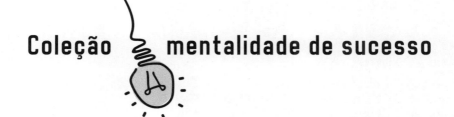
Coleção mentalidade de sucesso

O poder invisível da palavra

Transforme sua comunicação em poder, prosperidade e sucesso

Coleção mentalidade de sucesso

Florence Scovel Shinn

O poder invisível da palavra

Transforme sua comunicação em poder, prosperidade e sucesso

Tradução
Patricia Benvenuti

Principis

Esta é uma publicação Principis, selo exclusivo da Ciranda Cultural
© 2025 Ciranda Cultural Editora e Distribuidora Ltda.

Traduzido do original em inglês
The Writings of Florence Scovel Shinn
– The power of the Spoken Words

Texto
Florence Scovel Shinn

Editora
Michele de Souza Barbosa

Tradução
Patricia Benvenuti

Preparação
Walter G. Sagardoy

Produção editorial
Ciranda Cultural

Diagramação
Linea Editora

Revisão
Mônica Glasser

Design de capa
Ana Dobón

Ilustração
Mark Rademaker/Shutterstock.com

Dados Internacionais de Catalogação na Publicação (CIP) de acordo com ISBD

S555p	Shinn, Florence Scovel
	O poder invisível da palavra / Florence Scovel Shinn ; traduzido por Patrícia Benvenuti. - Jandira, SP : Principis, 2025.
	80 p. : il. ; 15,5cm x 22,6cm.
	ISBN: 978-65-5097-255-4
	1. Psicologia. 2. Desenvolvimento pessoal. 3. Inspiração. 4. Filosofia. I. Benvenuti, Patrícia. II. Título.
2025-1445	CDD 150
	CDU 159.9

Elaborado por Odilio Hilario Moreira Junior - CRB-8/9949

Índice para catálogo sistemático:
1. Psicologia 150
2. Psicologia 159.9

1ª edição em 2025
www.cirandacultural.com.br
Todos os direitos reservados.
Nenhuma parte desta publicação pode ser reproduzida, arquivada em sistema de busca ou transmitida por qualquer meio, seja ele eletrônico, fotocópia, gravação ou outros, sem prévia autorização do detentor dos direitos, e não pode circular encadernada ou encapada de maneira distinta daquela em que foi publicada, ou sem que as mesmas condições sejam impostas aos compradores subsequentes.

Esta obra reproduz costumes e comportamentos da época em que foi escrita.

Sumário

Prefácio 7

Armas que desconhecemos.. 9

"Eu dei a vós autoridade" (Lucas 10,19) 16

Seja forte, não tema!.. 24

A glória do Senhor (Salmo 24) 33

Paz e prosperidade 40

Sua grande oportunidade... 46

"Não andem ansiosos por coisa alguma"........................ 54

Destemor 62

Vitória e realização.. 70

Sobre a autora 78

Prefácio

Florence Schovel Shinn ensinou metafísica em Nova York por muitos anos. Suas conferências eram bem frequentadas, e, dessa forma, ela foi um instrumento para levar sua mensagem a um número considerável de pessoas.

Seus livros tiveram ampla circulação, não só nos Estados Unidos, mas também no exterior. Eles parecem ter o dom de chegar até lugares remotos da Europa e em outras partes do mundo. Não é difícil conhecer alguém que descobriu a Verdade por ter lido um livro de Florence Shinn no local mais improvável do mundo.

Um dos segredos do seu sucesso era o fato de ela se manter sempre autêntica em suas colocações: informal, amigável e bem--humorada. Nunca teve a pretensão de ser erudita, convencional ou pretenciosa. Por essa razão, atraiu milhares de pessoas que não teriam recebido a mensagem espiritual por meios mais conservadores e decorosos; ou que não teriam se interessado a ler, pelo menos no início, livros de introdução à metafísica.

Ela mesma era muito espiritualizada, apesar de se esconder atrás de um tratamento mais trivial e descontraído dos assuntos tratados. A abordagem técnica ou acadêmica não combinava com ela, ensinando com exemplos familiares, práticos e do cotidiano.

Pertencente a uma antiga família da Filadélfia, Shinn trabalhava como ilustradora de livros antes de se tornar uma conceituada professora, que se dedicava a levar a Verdade às pessoas.

Ela deixou um conjunto de anotações e inúmeros memorandos que foram transformados neste livro. Que ele possa ser ampla e longamente difundido.

Emmet Fox

Armas que desconhecemos

"Tenho armas que vocês desconhecem! Tenho caminhos que vocês desconhecem! Tenho canais que vocês desconhecem! Armas misteriosas, caminhos misteriosos, canais misteriosos! Pois Deus trabalha de maneiras misteriosas para realizar Suas maravilhas."

O problema da maioria das pessoas é que elas querem conhecer o caminho e os canais de antemão.

Querem dizer à Inteligência Suprema como suas preces devem ser atendidas. Não confiam na sabedoria nem na engenhosidade de Deus. Elas rezam, dando orientações definitivas à Inteligência Infinita de como trabalhar, e, assim, limitam o Santo de Israel.

Jesus Cristo disse: "Tudo o que pedirdes em oração, crede que já o recebestes, e assim sucederá". O que poderia ser mais simples ou direto? "Tornai-vos como uma criança, se desejardes entrar no

Reino dos céus." Podemos parafrasear as Escrituras e dizer: tenha a expectativa das crianças, e suas preces serão atendidas. Uma criança aguarda com alegre expectativa os brinquedos de Natal. Dou o exemplo de um garotinho que pediu por um tambor. O menino não fica acordado durante a noite, pensando a respeito do tambor, imaginando se vai ganhá-lo. Ele vai para a cama e dorme profundamente. De manhã, ele pula da cama, pronto para o dia feliz que o aguarda. Ele olha com admiração para aquilo que está diante dele.

A pessoa adulta passa noites sem dormir, pensando sobre o problema. Em vez de um tambor, ela pediu por uma grande quantia de dinheiro. Não consegue pensar de que maneira o dinheiro virá, e se chegará a tempo. Ela dirá que tem plena fé em Deus, mas gostaria de saber mais sobre o canal e como será feito. A resposta vem: "Tenho armas que desconheces". "Meus caminhos são engenhosos, meus métodos, garantidos."

Entregue o seu caminho ao Senhor; confie n'Ele, e Ele agirá. Entregar o caminho ao Senhor parece muito difícil para a maioria das pessoas. Significa, é claro, seguir a intuição, pois intuição é o caminho mágico, a linha direta para a manifestação.

Intuição é uma capacidade espiritual acima do intelecto. É "o murmúrio de uma brisa suave", comumente chamado de "pressentimento", que diz: "Este é o caminho; siga-o". Refiro-me à intuição com muita frequência, pois ela é a parte mais importante do desenvolvimento espiritual. É a orientação divina. É o Deus interior, é o olho que protege Israel e nunca dorme. Com ela, nada é insignificante. "Reconhece o Senhor em todos os teus caminhos, e Ele endireitará as tuas veredas." Lembre-se: não despreze as pequenas coisas do dia (os eventos aparentemente sem importância).

O PODER INVISÍVEL DA PALAVRA

É muito difícil para alguém acostumado a seguir a mente racional, subitamente, começar a seguir a intuição; principalmente pessoas que têm o que chamam de "hábitos regulares". Elas estão acostumadas a fazer a mesma coisa todos os dias, no mesmo horário. Fazem as refeições com hora marcada, levantam-se em um determinado horário e vão se deitar na mesma hora de todas as noites. Qualquer variação incomoda.

Temos o arbítrio da escolha. Podemos seguir o caminho mágico da intuição ou o longo e difícil caminho da experiência, ao seguir a mente racional. Seguindo o superconsciente, atingimos o auge. Na intuição estão imagens da juventude eterna e da vida eterna, onde a própria morte é vencida. Temos o poder de fixar na mente subconsciente essas imagens. O subconsciente, sendo apenas poder sem direção, realiza a ideia, e nossos corpos se transformam em um corpo imortal. Vemos parte dessa ideia expressa no livro *Horizonte perdido*. Shangri-La é uma imagem simbólica do "Mundo das Maravilhas", onde todas as condições são perfeitas.

Há um protótipo espiritual de seu corpo e de sua vida. Eu o chamo de "projeto divino", e esse projeto é uma ideia perfeita na sua mente superconsciente. A maioria das pessoas está longe de expressar a Ideia Perfeita de seus corpos e vidas. Elas imprimiram no subconsciente as imagens contrárias de doença, velhice e morte, e ele cuidadosamente cumpriu as ordens. Assim, é preciso dar uma nova ordem: *"Deixe-me expressar agora a Ideia Divina em minha mente, corpo e circunstâncias"*. Se você impressionar o subconsciente ao repetir esta afirmação, ficará maravilhado com as mudanças que logo acontecerão. Você será bombardeado por ideias e novos propósitos. Uma mudança química acontecerá em seu corpo.

O seu entorno mudará para melhor, pois você estará se expandindo rapidamente para o plano divino, onde todas as condições são permanentemente perfeitas.

"Levantai, ó portas, as vossas cabeças; levantai-vos, ó portais eternos, e o Rei da Glória entrará. Quem é esse Rei da Glória? O Senhor (ou Lei), forte e poderoso. O Senhor é poderoso na batalha."

Agora, lembre-se de que a *Bíblia* está falando sobre pensamentos e estados de consciência. Aqui está uma imagem das Ideias Perfeitas da mente superconsciente invadindo a sua mente consciente. Portais e portas estão levantadas, e "o Rei da Glória" entra. "Quem é esse Rei da Glória? O Senhor dos Exércitos; ele é o Rei da Glória!" Esse Rei da Glória tem armas que você desconhece e põe em fuga exércitos estrangeiros (os pensamentos negativos arraigados em sua consciência por incontáveis eras). Esses pensamentos negativos sempre derrotaram a manifestação do desejo do seu coração. Eles são formas de pensamento que você construiu em seu subconsciente ao ter, constantemente, os mesmos pensamentos. Você construiu uma ideia fixa de que a "vida é difícil e cheia de decepções". Você encontrará esses pensamentos na forma de experiências concretas na vida, pois "da imaginação do coração depende toda a tua vida".

"Meus caminhos são caminhos agradáveis." Todos nós devemos construir na consciência uma imagem de paz, harmonia e beleza, e, algum dia, ela se tornará visível. A Ideia Divina da sua vida costuma surgir na consciência como algo bom demais para ser verdade. Pouquíssimas pessoas cumprem seus destinos.

Destino significa o lugar que você está destinado a ocupar. Nós estamos completamente preparados para o plano divino de nossa vida, pois somos superiores a todas as situações. Se conseguíssemos

O PODER INVISÍVEL DA PALAVRA

nos manifestar por meio dessas palavras, as portas se abririam e os canais ficariam livres. Poderíamos ouvir o zumbido da Atividade Divina, porque estaríamos vinculados à Inteligência Infinita que desconhece a derrota. As oportunidades viriam até nós de lugares inesperados. A Atividade Divina operaria em e por meio de todas as circunstâncias, e a Ideia Divina aconteceria.

Deus é amor, mas Deus é lei. "Se me amais, obedecereis aos meus mandamentos (ou leis)." O doutor Ernest Wilson me contou que seu primeiro conhecimento da Verdade surgiu enquanto lia *Concentração*[1], de Emerson. Concentração significa absorção do amor. Vemos crianças absorvidas em amor enquanto brincam. Só podemos ser bem-sucedidos em um ramo em que tenhamos profundo interesse. Grandes inventores nunca se cansam de seu trabalho, caso contrário, não criariam invenções geniais. Nunca tente forçar uma criança a ser algo que ela não quer ser. Ela apenas se mostrará um fracasso. O primeiro passo em direção ao sucesso é sentir gratidão por ser você mesmo. Muitas pessoas estão fartas de si mesmas. Elas carecem de autoconfiança e estão sempre desejando ser outra pessoa.

Quando estive em Londres vi um homem na rua vendendo uma música nova, chamada "Ser eu me faz rir à toa". Achei que era uma ideia inicial fantástica para demonstrar felicidade em ser você mesmo. Então, é possível expandi-la rapidamente para o plano divino de sua vida, onde cumprirá seu destino, Pode ter certeza de que o plano divino lhe dará plena satisfação. Você não invejará mais ninguém. As pessoas costumam tornar-se impacientes e desencorajadas. Fiquei inspirada lendo no jornal sobre Omaha, um

---

[1] Tradução literal do original *Concentration Is the Secret of Strength*. Sem publicação brasileira. (N.T.)

famoso cavalo de corrida. O artigo dizia: "Omaha precisa correr um quilômetro antes de adquirir confiança". Há, sem dúvida, muitos Omahas no mundo, mas eles podem adquirir a confiança espiritual e ganhar a corrida em um piscar de olhos.

"Deleita-te no Senhor, e Ele atenderá aos desejos do teu coração." Deleite-se na lei e ela atenderá aos desejos do seu coração. "Deleitar-se na lei" significa apreciar a manifestação. Gostar de confiar em Deus significa ser feliz ao seguir suas orientações intuitivas.

A maioria das pessoas diz: "Oh, não, preciso manifestar dinheiro de novo" ou "Oh, não, meus pressentimentos me deixam tão nervoso que não tenho coragem de segui-los". As pessoas gostam de jogar golfe e tênis; por que não podemos gostar de jogar o jogo da vida? É porque estamos jogando com forças invisíveis. No golfe ou no tênis existem bolas que podem ser vistas, e um objetivo visível a olho nu. Mas o jogo da vida não é muito mais importante? O objetivo é o plano divino da sua vida, onde todas as circunstâncias são permanentemente perfeitas.

"Reconhece o Senhor em todos os teus caminhos, e Ele endireitará as tuas veredas." Cada momento em que nos conectamos com a intuição, ela nos dá uma orientação tão definitiva quanto uma placa de sinalização.

Tantas pessoas levam vidas complicadas porque tentam pensar em uma solução em vez de "intuir" a solução.

Conheço uma mulher que diz ter um conhecimento profundo da Verdade e da sua aplicação, mas, no minuto em que tem um problema, ela racionaliza, avalia e mede a situação, e nunca a resolve. A intuição voa pela janela quando a razão chega à porta. Intuição é uma capacidade espiritual, o superconsciente, e nunca se explica. Uma voz a minha frente disse: "Este é o caminho; siga-o". Alguém me perguntou se a mente racional é útil. Ela precisa ser resgatada. Confie na lei espiritual e "tudo vos será dado".

O seu papel é ser um bom receptor, preparar-se para as bênçãos, alegrar-se e agradecer; e elas acontecerão.

Eu tenho armas que vocês desconhecem, caminhos que irão surpreendê-los.

"Eu dei a vós autoridade"

(Lucas 10,19)

O presente de Deus para o homem é poder; poder e domínio sobre todas as criações; sobre a mente, o corpo e as circunstâncias. Toda infelicidade vem da falta de poder. O homem se imagina fraco e vítima das circunstâncias, alegando que "situações fora do seu controle" causaram o fracasso. O homem sozinho é, de fato, uma vítima das circunstâncias; porém, unido ao poder de Deus, todas as coisas são possíveis.

Por meio do conhecimento da metafísica, estamos descobrindo como isso pode ser feito. Por meio da palavra, você contata esse poder. Então, milagrosamente, cada fardo é erguido e cada batalha, é vencida. Vida e morte estão no poder da língua. Atente-se às suas palavras com todo esmero. Os frutos das suas palavras são colhidos continuamente. "Àquele que vencer e fizer a minha vontade até o fim, darei autoridade sobre as nações." Vencer significa superar todas as dúvidas, medos e vibrações negativas. Um único homem em plena paz e equilíbrio, repleto de amor e benevolência, poderia dissolver todas as vibrações negativas. Elas derreteriam como neve sob o sol.

Jesus Cristo disse: "Foi-me dada toda a autoridade nos céus e na terra". Vamos agradecer por tudo isso estar acontecendo agora, pois o mal é irreal e não deixa marcas. O poder de Deus está dentro de você, em sua mente superconsciente. É o reino da inspiração, da revelação e da elucidação; é o reino dos milagres e maravilhas. Mudanças rápidas e supostamente impossíveis acontecem para a sua prosperidade. Uma porta se abre onde não havia portas. Suprimento aparece de canais ocultos e inesperados, pois "Deus tem armas que desconhecemos".

Para trabalhar com o poder de Deus, você deve dar a Ele o direito de passagem e acalmar a mente racional. No instante do seu pedido, a Inteligência Infinita reconhece o caminho da concretização. O papel do homem é se alegrar, agradecer e agir de acordo com sua fé. Uma mulher muito conhecida na Inglaterra contou esta experiência: ela pedia, com muita sensibilidade, por uma realização de Deus. Estas palavras a encontraram: *"Aja como se eu fosse, e eu serei"*. É exatamente o que eu digo, de novo e de novo: apenas a fé ativa impressiona o subconsciente, e, a não ser que você o impressione, não haverá resultados.

Agora vou dar um exemplo para mostrar como a lei funciona. Uma mulher me procurou e o seu maior desejo era ter um casamento seguro e um lar feliz. Ela gostava muito de um certo homem, mas ele era bastante difícil. Depois de ter demonstrado atenção e devoção, ele mudou de repente e desapareceu da vida dela. Ela estava infeliz, ressentida e desanimada. Eu disse:

– Este é o momento de se preparar para um lar feliz! Compre miudezas para ele como se não tivesse tempo a perder.

A mulher se dedicou a fazer compras para um lar feliz, quando todas as circunstâncias estavam contra ela.

– Agora – falei –, você terá de se aperfeiçoar diante da situação e tornar-se imune a todo ressentimento e infelicidade.

Dei a ela a afirmação: *"Agora estou imune a toda mágoa e ressentimento. Meu equilíbrio é edificado sobre uma rocha, o Cristo interior".*

E dei-lhe um conselho:

– Quando estiver imune a toda mágoa e ressentimento, esse homem, ou outro equivalente, será dado a você.

Muitos meses se passaram quando, em uma tarde, ela veio me ver e disse:

– Tenho apenas os sentimentos mais generosos e amigáveis por aquele homem. Se ele não for a seleção divina, ficarei feliz sem ele.

Pouco tempo depois, ela encontrou o homem. Ele estava muito arrependido pela maneira como agira e implorou que ela o perdoasse. Não demorou muito para que eles se casassem e um lar feliz se manifestou. Ele havia sido construído ao redor da fé ativa.

Seus únicos inimigos estão dentro de você. Os inimigos da mulher eram a "mágoa" e o "ressentimento". Eles eram, certamente, "cobras e escorpiões". Inúmeras vidas foram destruídas por esses dois inimigos. Acovardando-se diante do poder de Deus, a oposição

O PODER INVISÍVEL DA PALAVRA

desapareceu da vida dessa mulher. Nada poderia, de maneira alguma, machucá-la.

Pense no que isso significa: ter uma vida livre de todas as experiências infelizes. Para isso, é preciso estar em contato consciente com o poder de Deus a cada instante.

A palavra "poder" é mencionada na *Bíblia* inúmeras vezes. "Mas lembrai-vos do Senhor, o vosso Deus, pois é Ele quem vos dá a capacidade de produzir riqueza."

Uma pessoa com uma consciência rica atrai riquezas. Uma pessoa com consciência pobre atrai pobreza. Já vi pessoas nessa Verdade erguerem-se da escassez e da limitação ao unirem-se ao poder interior de Deus sem depender do exterior; isso porque, confiar em Deus, lhes dá poder irresistível, já que apenas a Inteligência Suprema conhece o caminho da concretização. "Confia em mim e agirei."

Tudo que o nosso conhecimento da Verdade pode trazer é a certeza de que Deus é o poder único. Um Poder, uma Presença, um Plano. Ao ter a ideia fixa de que há apenas um poder no universo, o poder de Deus, toda manifestação de maldade desaparece do seu mundo. Ao obter uma demonstração, devemos reconhecer apenas um Poder. O mal vem da " imaginação infrutífera" do próprio homem. Retire todo o poder do mal e ele não terá capacidade para ferir.

Vou dar um exemplo que mostra o funcionamento da lei. Eu estava em um restaurante com uma amiga, quando ela derramou algo em seu vestido. Ela estava certa de que ficaria manchado. Eu lhe disse: "Faremos um tratamento". E afirmei: "O mal é irreal e não deixa marcas". E acrescentei: "Agora, não olhe. Deixe para a Inteligência Infinita". Por volta de uma hora depois, verificamos e não havia nenhuma mancha, por menor que fosse.

"O que é verdadeiro para algo pequeno, é verdadeiro para algo grande." Você pode usar esta afirmação para adversidades ou erros passados, e de uma forma ou de outra, sob a graça, os efeitos desaparecerão sem deixar marcas.

Muitas pessoas têm usado o poder pessoal em vez do poder de Deus, algo que sempre causa uma reação infeliz. O poder pessoal significa impor a vontade pessoal. Vou dar o exemplo de uma mulher que conheci muito tempo atrás. Ela se casou com um homem que trabalhava em um jornal, como cartunista. Seus desenhos exigiam um conhecimento de gírias, que ele usava em todas as situações. Ela decidiu que ele deveria cultivar a mente e ler os clássicos. O casal se mudou para uma cidade universitária para que ele pudesse ir para a faculdade. Embora resistisse a voltar aos estudos, o marido começou a gostar da ideia e logo estava imerso nos clássicos. Não falava nada além de Platão e Aristóteles. Ele queria que a comida fosse cozida da maneira como eles cozinhavam e comer a comida simples que os filósofos comiam. Assim, a vida dela tornou-se um pesadelo. Depois disso ela nunca mais tentou mudar as pessoas. A única pessoa a ser mudada é você mesma. Conforme você muda, todas as circunstâncias ao seu redor mudam! As pessoas mudarão!

Quando você não se incomoda com uma situação, ela se desfaz pelo próprio peso. Sua vida é retratada pela soma total das crenças do seu subconsciente. Aonde quer que vá, você leva consigo essas circunstâncias.

"Sou forte no Senhor e no poder de Sua força."

"Sou apoiado por inúmeros exércitos de poder."

O PODER INVISÍVEL DA PALAVRA

Poder significa domínio e domínio significa controle. O homem controla as circunstâncias ao conhecer a lei espiritual. Vamos supor que o seu problema seja escassez ou limitação. Sua necessidade urgente é de suprimentos. Conecte-se com esse poder de Deus em seu interior e agradeça por seu suprimento imediato. Se estiver próximo demais da situação, se estiver repleto de dúvidas e medos, procure ajuda de um profissional, alguém que enxergue por você com clareza.

Um homem me contou, enquanto estava no Centro da Verdade, em Pittsburgh, que ouviu as pessoas comentando sobre mim e perguntou:

– Quem diabos é Florence Schovel Shinn?

Alguém respondeu:

– Ah, ela é autora de *O jogo da vida*. Se você escrever para ela, receberá um milagre!

Ele disse que imediatamente entrou em contato comigo e recebeu uma manifestação. Jesus Cristo disse: "Se dois de vós concordardes, assim será feito". Não hesite em pedir ajuda se não consegue ver sua prosperidade com clareza. Jesus Cristo viu claramente o bem para as pessoas que curou. Ele não pediu que elas mesmas se curassem. É claro que, o estágio onde não precisa de ajuda, pode ser alcançado quando você tiver a ideia fixa de que o poder de Deus é único, e que o plano de Deus é único também.

Não podemos receber bênçãos da Inteligência Infinita sem agradecer. O papel do homem é ser um receptor grato. "Eu dei a vós autoridade para pisardes sobre cobras e escorpiões e sobre todo o poder do inimigo; nada vos fará mal." "Tu o fizeste para ter domínio sobre as obras de tuas mãos e lhe puseste todas as coisas debaixo dos pés. Todos os rebanhos e manadas, e até os animais selvagens." Essa é a ideia de Deus sobre o homem, mas a ideia do homem sobre si mesmo é de limitação e fracasso. Apenas em um grande momento o homem parece ascender ao seu poder e domínio.

Só quando encaramos uma situação de escassez é que, de repente, expressamos o poder que já nos foi dado. Já conheci pessoas, normalmente tensas e ansiosas, que se tornaram tranquilas e poderosas quando confrontadas com uma situação séria.

"Vós não precisais lutar. Tomai suas posições, permanecei firmes e vede o livramento que o Senhor dará, ó Judá, ó Jerusalém." As pessoas perguntam com frequência: "O que significa permanecer firme? Não fazer nada?". "Permanecer firme" significa manter o equilíbrio. Eu disse para um homem, tenso e ansioso:

– Se acalme e veja a salvação do Senhor.

Ele respondeu:

– Ah, isso me ajudou muito.

A maioria das pessoas está tentando demais. Elas carregam seus fardos e lutam suas batalhas, e estão, portanto, sempre agitadas por nunca receber o que chamamos de "manifestação". Afaste-se e veja a salvação do Senhor. Podemos parafrasear as Escrituras e dizer: "Vocês nunca ganharão essa batalha lutando. Deixem-na inteiramente para o Senhor, e ela lhes será dada, ó Judá, ó Jerusalém".

Seguindo o caminho mágico da intuição, você escapará de todas as complicações e conflitos e criará uma linha direta até sua manifestação. Lembre-se de que nos foi dito para não desprezarmos o dia das pequenas coisas. É um erro enorme pensar que algo é insignificante. Veja este exemplo: "Eu estava indo a uma loja comprar dois produtos. Na minha vizinhança existem duas lojas, uma cara

O PODER INVISÍVEL DA PALAVRA

e outra onde as coisas são um pouco mais baratas, porém, com a mesma qualidade. A mente racional disse: "Vá ao lugar mais barato", mas a intuição disse: "Vá ao lugar mais caro". É claro que segui o caminho mágico. Fiz o meu pedido ao atendente. Ele respondeu: "Os dois produtos estão sendo vendidos hoje pelo preço de um, porque um deles está em promoção". Portanto, a intuição me guiou para o caminho e o preço certos. A diferença de valor era de apenas cinquenta centavos, mas a intuição sempre cuida dos nossos interesses. Se eu estivesse tentando conseguir algo barato, teria ido à outra loja e pagado o dobro do valor. Aprenda com as pequenas coisas e estará pronto para lidar com coisas maiores.

Ao estudar as Escrituras com atenção, descobrimos que o presente de Deus ao homem é o poder. As coisas e circunstâncias se seguem automaticamente. Deus dá poder para o homem melhorar. Ele dá poder ao homem diante das intempéries. Ele dá ao homem o poder de curar doenças e expulsar demônios.

"Os que esperam no Senhor renovarão as suas forças. Subirão com asas como águias, correrão e não se cansarão, caminharão e não se fatigarão."

Que possamos perceber que esse poder invencível está ao alcance de todos!

"E todo aquele que invocar o nome do Senhor será salvo." Então, descobrimos que a Palavra conecta o homem à onipotência. Essa Inteligência Suprema é mais do que capaz de erguer todos os fardos e lutar todas as batalhas.

"Todo o poder me é dado para trazer o meu céu para a minha terra."

Seja forte, não tema!

Seja forte! Não tema! O medo é o único adversário do homem. Você encara a derrota toda vez que sente medo! Medo da escassez! Medo do fracasso! Medo da perda! Medo da personalidade! Medo das críticas! O medo rouba todo o seu poder, pois você perde o contato com a central de energia universal. "Por que temeis, homens de pouca fé?" O medo é a fé invertida. É a fé de cabeça para baixo. Quando você tem medo, começa a atrair aquilo que teme: você atrai como um ímã. Você fica hipnotizado pelo pensamento coletivo quando sente medo.

Daniel permaneceu tranquilo porque sabia que seu Deus era mais forte que os leões; o seu Deus deixou os leões tão inofensivos quanto gatinhos; então, caminhe até o seu leão o mais rápido possível e veja com os próprios olhos. Talvez você esteja fugindo a vida inteira de algum leão em particular. Deixou a sua vida triste e o seu cabelo esbranquiçado. Certa vez, uma cabeleireira me contou

O PODER INVISÍVEL DA PALAVRA

que conheceu uma mulher cujo cabelo grisalho voltou à sua cor natural quando ela parou de se preocupar. Uma mulher me disse durante uma conversa: "Não sou nem um pouco medrosa, mas me preocupo muito". O medo e a preocupação são gêmeos e são a mesma coisa. Se você fosse destemido, suas células de preocupação teriam secado. "Por que temeis, homens de pouca fé?" Acredito que o medo mais predominante seja o da perda. Talvez você tenha tudo o que a vida pode lhe dar, mas o velho leão da apreensão se esgueira e se aproxima. Você ouve o rosnado: "É bom demais para ser verdade! Não vai durar!". Se ele conseguir chamar sua atenção, você pode muito bem se preocupar.

Muitas pessoas perderam aquilo que mais valorizavam na vida. Isso porque continuam temendo a perda. A única arma que você pode usar contra os leões é a sua palavra. Sua palavra é a sua varinha de condão, abastecida de mágica e poder. Você agita a varinha sobre o leão e o transforma em um gatinho. MAS o leão continuará sendo um leão, a não ser que você o encare. Você pode perguntar: "COMO fazemos para encarar leões?".

Moisés disse ao seu povo: "Não tenhais medo. Permanecei firmes e vede o livramento que o Senhor trará hoje, porque nunca mais vereis os egípcios que hoje vedes. O Senhor lutará por vós; tão somente vos acalmai". Que acordo extraordinário!

A Inteligência Infinita conhece a saída. A Inteligência Infinita sabe onde está o suprimento para cada pedido. Mas precisamos confiar, manter nosso equilíbrio e dar prioridade a ela. Muitas pessoas têm medo de outras pessoas. Elas fogem de situações desagradáveis e, é claro, as situações correm atrás delas.

"O Senhor é a minha luz e a minha salvação; de quem terei temor? O Senhor é o meu forte refúgio; de quem terei medo?" O Salmo 27 é um dos salmos mais triunfantes! Também é rítmico e musical.

O salmista percebeu que nenhum inimigo poderia machucá-lo, pois o Senhor era sua luz e sua salvação. Agora, lembre-se de que seus únicos inimigos estão dentro de você. A *Bíblia* fala dos pensamentos inimigos: suas dúvidas, medos, iras, pressentimentos e agouros. Cada situação negativa em sua vida é um pensamento cristalizado, construído a partir de sua imaginação vã! Mas essas situações não suportam a luz da verdade. Então, você encara a situação sem medo, proferindo: "O Senhor é a minha luz e a minha salvação; de quem terei temor?".

Jesus Cristo foi o maior de todos os metafísicos e Ele nos deu regras definitivas para controlar as circunstâncias por meio da palavra e do pensamento. "Os teus mandamentos me tornaram mais sábio do que os meus inimigos." Em primeiro lugar, você precisa ser mais sábio que os pensamentos do seu inimigo, o exército dos estrangeiros. Você precisa responder a cada pensamento negativo com uma palavra de autoridade. O exército dos estrangeiros entoará: "O trabalho é monótono e o dinheiro, limitado". Imediatamente você responde: "*Meu suprimento vem de Deus e agora aparece como cogumelos durante a noite*". Não existem momentos difíceis no Reino. Talvez você precise se manter repetindo isso por bastante tempo, como o som dos bem-te-vis (*Bem te vi, Bem te vi*), e assim por diante. Enfim, você vence, pois a verdade precisa prevalecer: o exército dos estrangeiros foi colocado em fuga. Então, quando você está desprevenido, o exército recomeça: "Você não é reconhecido, nunca será um sucesso". Você responde imediatamente: "*Deus me reconhece e, portanto, o homem me reconhece. Nada pode interferir no meu sucesso divinamente planejado*". Finalmente o exército dos estrangeiros é dissolvido e dissipado, porque você não lhe deu atenção. Você matou os estrangeiros de fome. Ao agir com fé e negar atenção aos pensamentos medrosos, você os mata de fome. O leão extrai a própria força do seu medo; os rugidos são os tremores do seu coração. Permaneça tranquilo como Daniel e também ouvirá o ruído dos anjos enviados para apoiarem você.

A missão de Jesus Cristo era despertar o povo. "Desperta, ó tu que dormes." As pessoas estavam adormecidas no sonho adâmico dos opostos. Escassez, perda, fracasso, pecado, doença e morte pareciam realidade para elas. A história de Adão é que ele comeu da árvore da ilusão e caiu em um sono profundo. Nesse sono ele em vão imaginou o bem e o mal.

Bernard Shaw, em seu livro chamado *Volta a Matusalém*[2], diz: "Adão inventou o assassinato, o nascimento e a morte, e todas as condições negativas". Foi o desenvolvimento da mente racional. É claro que Adão significa a mente genérica. Na etapa do Jardim do Éden, o homem funcionava apenas no superconsciente. O que quer que desejasse ou precisasse, estava à mão. Com o desenvolvimento da mente racional veio a queda do homem. Ele cogitou para si escassez, limitações e fracasso. Ele obteve o pão pelo suor da fronte, em vez de provisão divina.

A mensagem de Jesus Cristo era para trazer as pessoas de volta à "quarta dimensão", à percepção do Jardim do Éden. No capítulo 14 de João, encontramos um resumo de todos os Seus ensinamentos. Ele o chama de "O Evangelho", que significa "Boa-nova".

Com simplicidade e objetividade surpreendentes, Ele disse às pessoas que, se clamassem, crendo, receberiam; atribuindo o poder sempre ao Pai interior. Deus é o Doador, o homem é o receptor! Essa Inteligência Suprema fornece ao homem tudo aquilo que ele

---

[2] Edição brasileira publicada pela Melhoramentos, em 1951, do original *Back to Methuselah*, de 1922. (N.E.)

deseja ou necessita! Essa certamente era uma doutrina para acordar as pessoas! Ele provou Suas afirmações com milagres e maravilhas.

Um dos milagres mais dramáticos foi a cura do homem nascido cego. Os adversários de Jesus questionaram o homem, esperando encontrar algo contra Ele. Mas o homem apenas disse: "Uma coisa sei: eu era cego e agora vejo!". Talvez você estivesse cego para a sua prosperidade, cego para as oportunidades, cego para as orientações intuitivas, cego para as circunstâncias, confundindo amigos com inimigos. Quando você desperta para a prosperidade, percebe que não há inimigos, pois Deus utiliza cada pessoa e situação para seu bem. Empecilhos são amigáveis e obstáculos, trampolins. Sendo um só com Deus, você se torna invencível.

Esta é uma afirmação muito poderosa: "O poder invencível de Deus varre tudo diante de si. Eu conduzo as ondas para a minha Terra Prometida". Ao conduzir as ondas, elas o levam para seu destino, livre da ressaca dos pensamentos negativos, que o puxariam para baixo. Seus pensamentos e desejos sempre o direcionam para algum lugar. Prentice Mulford diz: "O propósito persistente, aquele desejo forte, aquele anseio incessante, é uma semente na mente. Está enraizado ali, está vivo! Isso nunca para de crescer!

Há uma lei magnífica envolvida nisso. Essa lei, quando conhecida, seguida e confiada, conduz cada indivíduo a resultados poderosos e maravilhosos. A lei, quando seguida com nossos olhos abertos, conduz a mais e mais felicidade na vida; porém, quando seguida cegamente, com nossos olhos fechados, leva à miséria!".

Isso significa que o desejo é uma tremenda força vibratória e precisa ser direcionada corretamente. Faça esta afirmação: "*Desejo apenas aquilo que a Inteligência Infinita deseja por meu intermédio. Reivindico aquilo que é meu por direito divino, e sob a graça e de maneira perfeita!*". Então, você vai parar de desejar as coisas erradas, e os desejos certos assumirão seu lugar. Seus desejos tristes são respondidos com tristeza, seus desejos impacientes são demoradamente adiados ou realizados com violência. É importante nunca perder isso de vista. Muitas situações infelizes foram provocadas por desejos tristes ou impacientes.

Darei aqui o exemplo de uma mulher casada com um homem que queria que, todas as noites, ela o acompanhasse a um lugar diferente. Ela ficou esgotada e, noite após noite, ansiava por poder ficar em casa e ler um livro. O desejo dela era tão forte que se realizou. O marido a deixou por outra mulher. Ela o perdeu, assim como o apoio dele, mas teve tempo para ficar em casa e ler um livro. Nada chega a sua vida sem ser convidado.

Prentice Mulford também tem algumas ideias interessantes sobre trabalho. Ele afirmou: "Para ser bem-sucedido em qualquer empreendimento, qualquer arte, ofício ou profissão, apenas o mantenha sempre fixo em sua mente como um objetivo e, então, estude para fazer com que todo o esforço dispensado pareça diversão ou lazer. No momento em que ele se torna um trabalho duro, não estaremos progredindo".

Quando relembro minhas experiências no mundo artístico, vejo como isso é verdadeiro. Da Academia de Belas Artes da Filadélfia vieram oito homens, todos quase da mesma idade, que se tornaram artistas conceituados e bem-sucedidos. Eles eram chamados na arte contemporânea de "Os Oito". Nenhum deles jamais ficou conhecido por ter trabalhado arduamente; nunca desenharam temas antigos ou acadêmicos. Apenas se expressaram livremente. Pintavam e desenhavam por amor, porque era divertido. Eles contam uma história engraçada sobre um deles, que se tornou um paisagista bastante renomado, ganhador de inúmeras medalhas e menções honrosas em exposições. Certa vez, durante uma exposição individual na cidade de Nova York, em uma galeria de prestígio, ele estava sentado lendo um jornal, quando uma mulher bastante efusiva aproximou-se dele e, apressada, perguntou:

– Você pode me dizer alguma coisa sobre o homem maravilhoso que pintou estes quadros encantadores?

Ele respondeu:

– Claro, fui eu mesmo que pintei estas coisas horrorosas.

Como percebemos, ele pintava por diversão, sem se importar se as pessoas gostariam ou não de seus quadros.

"Já estive cego, mas agora posso ver meu trabalho ideal, minha autoexpressão perfeita; já estive cego, mas agora posso ver com precisão e clareza o plano divino de minha vida; já estive cego, mas agora posso ver que o poder de Deus é o único poder, e que o plano de Deus é o único plano." O pensamento coletivo ainda acredita na insegurança.

"Desperta, ó tu que dormes." Deus é a segurança eterna da sua mente, corpo e circunstâncias. "Não perturbes teu coração, nem tenhas medo." Se você estivesse bem desperto à sua prosperidade, não poderia ser incomodado nem estar temeroso! Ao acordar para a Verdade, de que não há perda, escassez ou fracasso no reino da realidade, eles desapareceriam de sua vida, pois vêm da sua imaginação infrutífera.

O exemplo a seguir ilustra o funcionamento da lei. Alguns anos atrás, em Londres, comprei uma excelente caneta-tinteiro na Asprey. Era japonesa e se chamava Namike. Por ser muito cara, eles me deram junto com ela uma garantia de trinta anos. Fiquei extremamente impressionada, porque, em todos os verões, no dia 5 de agosto, eles me escreviam perguntando como a caneta estava se saindo; alguém poderia pensar que eu tinha comprado um cavalo. Sempre a levava comigo e um dia a perdi. No mesmo instante, comecei a negar a perda. Eu disse: "Não há perda na Mente Divina, portanto, não posso perder a caneta Namike. Ela será recuperada por mim ou terei outra equivalente". Nenhuma loja em Nova York vendia esse tipo de caneta e Londres se encontrava muito longe. Mas eu estava carregada de confiança divina. Não podia ficar sem a Namike. Um dia, seguindo de ônibus pela Quinta Avenida, meu olho focou, por uma fração de segundo, na placa de uma loja. Parecia destacar-se na luz: "Loja de artesanato oriental". Nunca tinha ouvido falar nela, mas tive um forte pressentimento de entrar e perguntar por uma caneta daquela marca. Desci do ônibus, entrei na loja e perguntei à vendedora sobre a tal caneta. E ela respondeu: "Ah, sim, temos uma grande variedade, e o preço delas acaba de ser reduzido para menos de três dólares". Louvei ao Senhor e agradeci. Comprei três Namike e contei a história acima em um dos meus encontros. As canetas logo se esgotaram porque as pessoas correram à loja para comprá-las. Esse foi, certamente, um belo trabalho da lei, mas eu estava atenta à minha prosperidade. Não deixei que nenhuma grama crescesse embaixo da minha orientação intuitiva.

Quem estuda a Verdade sabe que precisa praticar tal princípio em suas tarefas cotidianas. "Reconhece-me em todos os teus caminhos e eu direcionarei tuas veredas." "Em verdade, em verdade vos digo que aquele que crê em mim fará também as obras que tenho realizado. Fará coisas ainda maiores do que estas, porque estou indo para o Pai."

Que fé admirável Jesus Cristo tinha no homem! Ele tinha visão da raça que estava por vir. O homem feito à semelhança e à imagem de Deus (imaginação). "E eu farei o que vós pedirdes em meu nome, para que o Pai seja glorificado no Filho." "Se pedirdes algo em meu nome, eu o farei." Ele explicou às pessoas que elas estavam sob um sistema de doação. Deus era o Doador; o homem, o receptor. "Não crês que eu estou no Pai, e que o Pai está em mim? As palavras que eu vos digo, não as digo de mim mesmo, mas o Pai, que está em mim, é quem faz as obras." Ele disse às pessoas para "buscarem o reino", o reino das ideias perfeitas, onde todas as coisas lhes seriam acrescentadas. Ele as despertou!

"Já estive cego, agora enxergo; não há nada a temer, pois não há poder capaz de ferir. Vejo com clareza a estrada aberta da realização diante de mim. Não existem obstáculos no meu caminho."

"Tu o fizeste dominar sobre as obras das tuas mãos; tudo sujeitaste debaixo dos seus pés." (Salmo 8,6)

A glória do Senhor
(Salmo 24)

No dicionário, encontro a palavra "glória" definida como brilho, esplendor. "Os meus olhos viram o esplendor do Senhor"; isso significa a lei em ação. Não podemos ver Deus, pois Deus é o princípio, o Poder, a Inteligência Suprema dentro de nós, mas o que vemos são provas de Deus. "Ponde-me à prova, diz o Senhor dos Exércitos, e vede se não vou abrir as comportas dos céus e derramar sobre vós tantas bênçãos que nem tereis onde guardá-las." Nós provamos a existência de Deus ao direcionar o poder divino e ao e confiar nele para executar o trabalho. Toda vez que recebemos uma manifestação, estamos provando Deus. Se você não recebeu os desejos do seu coração, você "pediu errado", isto é, "não orou corretamente". Você recebe sua resposta da mesma maneira que enviou seu pedido. Seus pedidos tristes são respondidos com tristeza, seus pedidos impacientes são demoradamente adiados ou realizados com violência.

Vamos supor que você esteja se lamentando de escassez e limitação e vivendo em uma vizinhança precária. Diga, com profundo sentimento: "Quero viver em uma casa grande, com uma vizinhança bonita!". Cedo ou tarde, você pode acabar sendo o zelador de uma casa grande e bonita, sem ter nenhuma participação nessa opulência. Tive essa ideia enquanto passava pela casa e pelo terreno de Andrew Carnegie, na região da Quinta Avenida. A casa estava toda fechada, com a entrada e as janelas obstruídas com tábuas. Havia apenas uma janela aberta no porão. Era lá que o zelador morava. Certamente uma imagem sombria. Portanto, peça (ou deseje) com louvor e gratidão, para que você veja a glória da lei em ação.

Toda vida é vibração. Você se une àquilo que observa ou se une àquilo que vibra. Se está vibrando injustiça e ressentimento, é isso que encontrará em seu caminho, a cada passo.

Você certamente pensará que o mundo é difícil e que todos estão contra você. Hermes Trismegisto disse há milhares de anos: "Para mudar seu humor, você deve mudar suas vibrações". Eu vou deixar esta frase ainda mais potente: "Para mudar seu mundo, você deve mudar suas vibrações". Ligue uma corrente diferente em sua bateria de pensamento, e verá a diferença imediatamente. Digamos que você esteja se ressentindo das pessoas e dizendo que não o valorizam. Faça esta afirmação: "*Deus me valoriza, portanto, o homem me valoriza, eu me valorizo*". Imediatamente, você encontrará algum reconhecimento exterior.

Agora você é mestre de obras e suas ferramentas são as palavras. Esteja certo de edificar de maneira construtiva, de acordo com o plano divino. O juiz Troward disse: "O homem é um distribuidor do poder de Deus, ele não cria essa força". Em Hebreus, lemos: "Que é o homem, para que com ele te importes? E o filho do homem, para que com ele te preocupes? Tu o fizeste um pouco menor do que os seres celestiais e o coroaste de glória e de honra. Tu o fizeste dominar as obras das tuas mãos; sob os seus pés tudo puseste". Tu colocaste todas as coisas sob o nosso entendimento.

Estamos entrando agora em uma era do entendimento. Não temos mais a fé dos camponeses, mas sim a fé que entende. Salomão disse: "Usa tudo o que possuis para adquirir entendimento"; entendimento do funcionamento da lei espiritual, para que possamos distribuir esse poder interno de maneira construtiva.

A lei das leis é fazer aos outros o que gostaria que lhe fosse feito, pois tudo o que você envia, retorna, e o que faz aos outros, será feito a você. Assim, a mulher que se abstém de criticar, livra-se da críticas. Pessoas que criticam estão sempre sendo criticadas e vivem nessa vibração. Elas também têm reumatismo, pois pensamentos ácidos produzem ácido no sangue, o que causa dor nas articulações. Li um artigo no jornal. Dizia que um médico tinha tido uma experiência peculiar com uma de suas pacientes. A mulher ficava com furúnculos toda vez que a sogra a visitava. Não há nada peculiar nisso, pois ela estava fervendo por dentro (quantas vezes ouvimos as pessoas dizerem que estão "fervendo de raiva"); portanto, a fervura apareceu em seu corpo. Isso não inclui todas as sogras. Conheci algumas muito incríveis que trouxeram consigo apenas paz e harmonia. Problemas de pele significam que alguém o tem incomodado, deixando-o irritado ou com raiva. Lá vamos nós novamente dizer que o homem direciona esse poder divino por meio de si mesmo.

Vibrando com esse poder, todas as coisas ficam sob seus pés. "Todos os rebanhos e manadas, e até os animais selvagens, as aves do céu e os peixes do mar, e tudo o que percorre as veredas dos mares." Eis uma imagem de poder e domínio para o homem!

O homem tem poder e domínio sobre os elementos. Deveríamos conseguir "reprimir o vento e as ondas". Deveríamos conseguir acabar com a seca. Li no jornal que pediram à população de uma determinada região de seca para não cantarem mais a música *Não vai mais chover*. Conhecendo um pouco de metafísica, as pessoas perceberam o poder das palavras negativas e sentiram que tinha algo a ver com a seca. Deveríamos conseguir impedir enchentes e epidemias. "Pois o homem recebe poder e domínio sobre todas as coisas criadas." Toda vez que recebemos uma manifestação, estamos provando nosso poder e domínio.

Devemos elevar nossa consciência para que o Rei da Glória entre! Ao lermos a afirmação: "Se os teus olhos forem bons, todo o teu corpo será cheio de luz", parece que somos inundados por um brilho interior. Os olhos bons significam ver apenas o bem, estar intocado pelas aparições do mal. Como Jesus Cristo disse: "Não julgueis apenas pela aparência, mas fazei julgamentos justos (corretos)". Há uma lei oculta da indiferença. Jesus Cristo conhecia essa lei. "Todavia, não me importo." Nenhuma dessas coisas me incomoda, podemos dizer em nossa linguagem moderna. Egoísmo e vontade pessoal trarão derrota e fracasso. "A não ser que o Senhor construa a casa, aqueles que a constroem trabalham em vão."

A capacidade imaginativa é uma capacidade criativa, e suas imagens de medo vão se externalizar como resultado de sua imaginação distorcida. Com um olho único, o homem vê apenas a Verdade. Ele

O PODER INVISÍVEL DA PALAVRA

enxerga através do mal, sabendo que dele vem o bem. Ele transforma injustiça em justiça e desarma seus supostos inimigos enviando benevolência. Ele agora é apoiado por inúmeras hostes de poder, pois o olho único enxerga apenas a vitória.

Lemos na mitologia sobre os ciclopes, membros da raça dos gigantes, que dizem ter habitado a Sicília. Esses gigantes tinham apenas um olho no meio da testa. O lugar da capacidade imaginativa situa-se na testa (entre os olhos). Portanto, esses gigantes lendários surgem dessa ideia. Você é, de fato, um gigante quando tem um único olho.

Jesus Cristo, o maior de todos os mestres, reiterou: "Digo que AGORA é o tempo favorável, HOJE é o DIA da salvação!". Alguns dias atrás, assisti a um filme que mostra a futilidade de tentar viver ou resgatar o passado. Trata-se de *Um carnê de baile,* película francesa que conta a história de Christine, uma mulher que, aos dezesseis anos, foi ao seu primeiro baile, e, no presente, é viúva e tem em torno de trinta e cinco anos. Christine se casou por dinheiro e nunca conheceu a felicidade. Enquanto queimava papéis antigos, encontrou a programação do baile, já desbotado. Nele, estavam os nomes dos seis homens que dançaram com ela. Cada um havia jurado amá-la por toda a vida! Quando se senta com a programação nas mãos, a lembrança do baile é retratada na tela; uma cena encantadora, com as dançarinas quase flutuando com a melodia da valsa de entrada. Vivendo uma vida vazia, Christine decide recuperar a juventude perdida, descobrindo o que aconteceu com os homens cujos nomes estavam na programação. Uma amiga que a acompanhava lhe diz que ela não podia recuperar sua juventude perdida e que, se voltasse atrás, perderia as coisas do presente.

Entretanto, ela vai à procura de seus antigos parceiros de dança e se decepciona com todos. Ninguém se lembrava dela. Quando perguntava: "Não se lembra de mim? Eu sou a Christine!", ouvia como resposta: "Que Christine?". Muitos deles viviam vidas sórdidas. Por fim, ela retorna ao bairro de sua adolescência, onde o quinto homem vivia, exercendo a profissão de cabelereiro. Numa alegre conversa sobre os velhos tempos, ele diz a Christine.

– Acho que você não se lembra do seu primeiro baile. Foi bem aqui perto e hoje haverá um baile no mesmo local. Venha comigo, isso a fará se lembrar daquela época!

Ela vai e tudo lhe parece pobre e vulgar. Pessoas desinteressantes e malvestidas estão na pista de dança. Ela vai até a orquestra e pede aos músicos que toquem uma valsa, a valsa de sua juventude perdida! Seu acompanhante diz que os dançarinos não iriam gostar de dançar uma música tão antiga. Mesmo assim, a orquestra toca. A diferença é imensa; todas as suas ilusões desaparecem. Ela percebe que o baile de sua lembrança nunca existiu da maneira como imaginava. Era apenas uma ilusão do passado. O passado não poderia ser recuperado.

Diz-se que os dois ladrões na cruz representam os ladrões do tempo. Um fala do passado e o outro, do futuro, e Jesus Cristo responde: "AGORA é o tempo determinado, hoje estarás comigo no paraíso". No antigo poema sânscrito, somos informados: "Olhe bem, portanto, para este dia! Esta é a saudação da alvorada". Toda preocupação e todo medo são ladrões do tempo.

A lei oculta, subjacente à indiferença, é uma das mais profundas, pois contém a obtenção de um estado de consciência no qual o mundo exterior das sensações não influencia a ação da mente e

O PODER INVISÍVEL DA PALAVRA

pode, portanto, estar em expiação completa com a Mente Divina. A vida da maioria das pessoas é uma sucessão de perturbações: escassez, perda, limitação, sogras, senhorios, débitos ou injustiças. Esse mundo era popularmente conhecido como "vale de lágrimas". As pessoas estavam todas envolvidas nos próprios assuntos, batalhando e carregando seus fardos. Se um homem julga pelas aparências, ele se encontra em uma arena, na maior parte do tempo. A arena das condições adversas, encarando leões da escassez e da limitação. "Se teu olho for mau (se você estiver imaginando condições adversas), todo o teu corpo será cheio de trevas. Se, portanto, a luz que há em ti for trevas, quão grandes serão essas trevas!" A luz do corpo é o olho interior (ou a capacidade imaginativa); se, portanto, o seu olho for único, se estiver vendo apenas um poder, um plano e um planejador, seu corpo e as circunstâncias estarão cheios de Luz. Enxergue-se, diariamente, banhado na Luz de Cristo. Esse brilho interior é o poder invencível e dissolve tudo que não for divinamente planejado. Ela dissolve toda aparição de doenças, escassez, perda ou limitação. Dissolve condições adversas ou "qualquer arma forjada contra você".

Quando temos um olho único, essa Luz está sempre sob nosso comando. Devemos aprender a ligar essa luz com a mesma confiança com que ligamos a luz elétrica. "Buscai primeiro o Reino de Deus e a Sua justiça, e todas essas coisas vos serão acrescentadas." Um provérbio chinês diz: "O filósofo deixa o corte de seu casaco para o alfaiate". Então, deixe o plano da sua vida para o Planejador Divino e você encontrará todas as condições permanentemente perfeitas.

Paz e prosperidade

"Haja paz dentro dos teus muros e prosperidade nas tuas cidadelas!" Nesta afirmação do Salmo 122 descobrimos que paz e prosperidade caminham lado a lado. Pessoas que manifestam a presença de escassez estão em um estado de medo e confusão. Não estão despertas à prosperidade e perdem orientações e oportunidades. Uma pessoa em paz é uma pessoa desperta. Ela vê com clareza e age rapidamente. Nunca perde uma orientação.

Já vi pessoas discordantes e infelizes mudarem por inteiro. Vou dar um exemplo para provar o funcionamento da lei. Uma mulher veio até mim em um estado de tristeza deplorável. Sua aparência era compatível ao sentimento. Os olhos estavam embaçados de tanto chorar. O rosto, abatido e exaurido. O homem que ela amava a tinha deixado e ela era, com certeza, a criatura mais desmagnetizada que eu já tinha visto. Reparei no formato do rosto dela: olhos grandes, bem separados e um queixo pontudo. Fui uma artista por muitos

O PODER INVISÍVEL DA PALAVRA

anos e criei o hábito de olhar as pessoas pelo ponto de vista artístico. Enquanto olhava para essa criatura desamparada, pensei que seu rosto remetia a uma pintura de Botticelli. Sempre vejo Rembrandts, Joshua Reynolds etc. nas pessoas que conheço. Proferi a palavra para essa mulher e a presenteei com meu livro *O jogo da vida (e como jogá-lo)*. Uma ou duas semanas depois, uma pessoa muito elegante entrou. Seus olhos eram lindos, e ela era muito bonita. Pensei: "Seu rosto remete a uma pintura de Botticelli". Subitamente percebi que era a mesma mulher! Ela estava feliz e tranquila! O que aconteceu? Nossa conversa e o livro a deixaram em paz.

"Haja paz dentro dos teus muros!" Seus "muros" são a sua consciência. Jesus Cristo enfatizava paz e descanso. "Vinde a mim, todos que estais cansados e sobrecarregados, e eu vos darei descanso." Ele estava falando do Cristo interior, sua mente superconsciente, onde não existem fardos ou batalhas. As dúvidas, medos e imagens negativas estão no subconsciente. Alguns anos atrás, quando voltava da Califórnia de avião, tive uma sensação estranha de desapego. Nas grandes altitudes, estamos em paz com nós mesmos e com o mundo inteiro, vendo os campos lá embaixo todos brancos para a colheita. Somente as emoções o impedem de ceifar a colheita de sucesso, felicidade e abundância. Lemos na *Bíblia*: "Vou compensar-vos pelos anos de colheitas que os gafanhotos destruíram". Podemos muito bem parafrasear e dizer: "Vou compensá-los pelos anos de emoções arruinadas". As pessoas são abaladas por dúvidas e medos, que levam ao fracasso, à infelicidade e a enfermidades.

Li em um jornal diário que as leis da mente estão sendo comumente reconhecidas e compreendidas. Descobriu-se que o medo do fracasso é o maior de todos os medos e que pelo menos setenta e cinco por cento dos examinados psicologicamente têm esse sentimento. É claro que pode se referir ao fracasso da saúde, fracasso nos negócios, finanças, amor, sucesso etc. Outros medos importantes são: do escuro, de ficar sozinho, de animais etc. Algumas pessoas temem ser mal compreendidas, enquanto outras temem perder o controle mental. Medo constante afeta as glândulas, interfere na digestão e normalmente está associado a sintomas nervosos angustiantes. Ele rouba a saúde do corpo e destrói a felicidade.

O medo é o maior inimigo do homem, pois atrai aquilo que ele teme. É fé invertida. É a fé no mal em vez de no bem. "Por que temeis, homens de pouca fé?" A mente destemida e sem restrições atrai para si toda a prosperidade. Tudo o que você deseja ou necessita já está em seu caminho. "Antes de tu chamares, eu respondi."

Imagine se parafrasearmos as Escrituras e dissermos: "Tudo o que você deseja ou necessita já está plantado em seu caminho". Uma nova palavra costuma trazer uma nova percepção. Se você está necessitado de alguma informação, ela lhe será dada. Uma amiga me contou esse surpreendente funcionamento da lei. Ela traduzia um manuscrito italiano arcaico sobre a vida de um antigo governante persa. Não havia nenhum livro em inglês escrito sobre o assunto. Ela se perguntava por que os editores estavam atrasando o seu trabalho. Certa noite, ela jantava em um restaurante de *fast food* e iniciou uma conversa com um jovem com quem dividia a mesa. Contou sobre o trabalho que estava fazendo e da tradução do manuscrito italiano arcaico. De repente, ele compartilhou a informação: "Vai ser difícil publicá-lo, porque as ideias desse governante persa conflitam com as ideias do governo atual".

O homem era um estudante acadêmico e sabia mais do que ela sobre o assunto. A pergunta que tanto a atormentava foi respondida em um restaurante. Em geral, essas informações só podiam ser obtidas nos arquivos de alguma biblioteca pública. Deus opera em lugares inesperados para realizar Suas maravilhas. Ela estivera preocupada com isso, mas, quando estava em um momento de paz, feliz e despreocupada, a informação veio em um mar calmo.

"Nossos pés já se encontram dentro de tuas portas, ó Jerusalém!" Jerusalém significa paz e os pés significam entendimento. Portanto, entendimento sempre nos leva para dentro das portas da paz. Como é possível uma pessoa obter paz quando sua vida inteira está em um turbilhão? Fazendo uma afirmação. Você não pode controlar seu pensamento, mas pode controlar suas palavras, e, eventualmente, a palavra vence.

A maioria das pessoas tem atraído condições desarmônicas porque estão lutando suas batalhas e carregando seus fardos. Devemos aprender a sair do caminho de Deus para que Ele possa harmonizar ou ajustar a situação. A palavra "harmonizar" é excelente, pois vi lugares tortos serem endireitados e ajustes que nenhuma mente humana poderia imaginar. Tudo que o Reino fornece é seu, se der prioridade à Inteligência Infinita, pois ela já forneceu um suntuoso suprimento para cada pedido. Mas você deve confiar por completo nela. Se duvidar ou temer, perde contato com essa Força Suprema. Então, se estiver cheio de dúvidas e medos, é necessário fazer algo para mostrar sua fé.

"A fé, por si só, se não for acompanhada de obras (ou ação), está morta." Fé ativa impressiona o subconsciente com expectativa, e você mantém seu contato com a Inteligência Universal. Assim como Wall Street acompanha o mercado, nós devemos acompanhar nosso mercado da fé. Com frequência o mercado da fé está em baixa. Às vezes, cai e cai, até quebrar: uma situação infeliz que poderíamos ter evitado.

Percebemos que seguimos a razão em vez da intuição.

Uma mulher me contou como recebeu inúmeras orientações para não seguir um determinando caminho. Apesar disso, ela seguiu a mente racional e isso lhe trouxe uma grande infelicidade. A intuição é um guia infalível. Tente segui-la nas pequenas coisas e então confiará nela para coisas maiores. Tenho uma amiga que é muito intuitiva. Às vezes ela me liga e diz: "Acabei de ter um pressentimento para te ligar, então pensei em descobrir do que se trata". Comumente eu tenho alguma tarefa para ela fazer.

Estamos, de fato, vivendo vidas mágicas: guiadas, protegidas e supridas. Todo o medo seria banido para sempre com a percepção desse sistema maravilhoso que o universo providenciou ao homem. Ele ficaria indiferente às circunstâncias adversas, sabendo (como os antigos hebreus sabiam) que "Jeová vai à frente e toda batalha será ganha".

Um amigo me contou uma história interessantíssima. Um homem da indústria de papel, em Kalamazoo, Michigan, deu mil cópias dos meus livros aos seus funcionários. Ele abriu um negócio com um capital pequeno e desistiu de avaliações rigorosas e racionais. Seguindo pistas e palpites, ele construiu um negócio de doze milhões de dólares. Todos os seus funcionários têm conhecimento de lei metafísica.

Outro homem, que construiu seu negócio fundamentado na lei de dar e receber, obteve o mesmo sucesso. Ele veio para a Filadélfia com pouco dinheiro e comprou uma revista, uma antiga publicação. Seu desejo era dar muito às pessoas, por um preço reduzido. Ele acreditava na lei da doação. Sua revista provou-se uma das mais populares da região. O homem deu o melhor ao leitor, no sentido de histórias e ilustrações, e pagou muito bem aos seus colaboradores. Quanto mais dava, mais recebia; entravam milhões!

O PODER INVISÍVEL DA PALAVRA

"Haja paz dentro dos teus muros e prosperidade nas tuas cidade-las!" Paz e prosperidade caminham lado a lado. "Os que amam a tua lei desfrutam paz, e nada há que os faça tropeçar." Essa lei é a lei da irresistência. "Não resista ao mal, vença o mal com o bem." Transforme todo fracasso em sucesso, escassez em abundância e discórdia em paz.

Sua grande oportunidade

Você tem apenas um juiz – sua palavra.

Jesus Cristo disse: "Eu vos digo que, de toda palavra ociosa que os homens disserem, hão de dar conta no dia do juízo, porque pela tua palavra serás justificado e pela tua palavra serás condenado".

Todo dia é o dia do juízo. Fomos ensinados que seria no fim do mundo. Olhe para o passado e veja como você atraiu felicidade ou desastre com suas palavras. O subconsciente não tem senso de humor. As pessoas brincam sobre si mesmas de modo destrutivo, e o subconsciente leva a sério. Isso porque a imagem mental que você cria enquanto fala se fixa no subconsciente e se externaliza. Uma pessoa que conhece o poder da palavra toma muito cuidado com suas conversas. Ela precisa apenas observar a reação das palavras para perceber que não retornam vazias. As pessoas cometem os

O PODER INVISÍVEL DA PALAVRA

piores erros ao falar quando estão com raiva ou ressentidas, porque há muita animosidade em suas palavras. Devido ao poder vibratório das palavras, você começa a atrair aquilo que vocaliza. Pessoas que falam com frequência sobre doença, sempre atraem doença.

Forças invisíveis trabalham continuamente para o homem, que está sempre no controle da situação, embora não saiba disso. Lemos na *Bíblia*: "A língua tem poder sobre a vida e sobre a morte". Ainda assim, a maioria das pessoas fala barbaridades de manhã até a noite. Isso se dá porque formaram o hábito da crítica, da condenação e da queixa, e estão ansiosas para contar os infortúnios e como todos os seus parentes são ruins. Elas esgotam os amigos e são evitadas por outras pessoas. Agora que sabemos do poder da palavra, por que não se beneficiar dele? Beneficiamo-nos do rádio, do telefone e dos aviões, mas os temas de nossas conversas são os construtores de montículos.

A ciência e a religião estão se unindo. A ciência está descobrindo o poder dentro do átomo; a metafísica ensina o poder dentro dos pensamentos e palavras. Estamos lidando com dinamite quando lidamos com palavras. Pense no poder da palavra na cura! Uma palavra é dita e uma mudança química ocorre no corpo.

Uma das minhas amigas ficou gravemente doente. O médico disse que ela tinha bronquite crônica e estava à beira de uma pneumonia. As filhas e o médico a levaram para a cama e arranjaram uma enfermeira para cuidar dela, mas semanas se passaram sem melhoras. Minha amiga era estudante da Verdade, mas fazia quase um ano que ela não ia aos encontros nem se mantinha em dia com sua leitura. Uma manhã ela me ligou e falou:

– Por favor, profira a palavra e me tire disso! Não aguento mais. Não estou doente, apenas enojada. Tanta conversa e pensamentos negativos estão me destruindo.

Por meio da palavra falada e da afirmação da Verdade, houve imediatamente uma mudança para melhor. Ela teve um forte pressentimento que deveria sair de casa, não obstante os conselhos do médico de que seria perigoso. Contudo, dessa vez ela seguiu a orientação divina. Ela saiu e me ligou, dizendo que iria a um almoço no dia seguinte. O que aconteceu? As palavras da Verdade haviam modificado sua mente e uma mudança química acontecera em seu corpo. Foi-nos dito que se acreditarmos, sem nunca duvidarmos, podemos dizer a uma montanha: "Seja removida", e ela desaparecerá no mar.

A energia inesgotável do homem é liberada pela boa vontade. Um homem liberto do medo, imperturbável pelas circunstâncias, que emite benevolência aos homens e às nações, poderia dizer às montanhas do ódio e da guerra: "Sejam removidas", e elas voltariam a sua inexistência nativa.

Ressentimento e intolerância roubam o poder do homem. Deveríamos ter placas nos metrôs e nas lojas: "Cuide dos seus pensamentos!", "Cuide das suas palavras!".

Vamos ser cuidadosos ao direcionar essa força dinâmica que há em nós. Vamos direcioná-la a curar, abençoar e prosperar, e enviá-las em ondas de prosperidade para o mundo inteiro. Ela segue como uma força poderosa, mas silenciosa! O pensamento, o poder mais forte do Universo, não tem som. Sua benevolência elimina todos os obstáculos do seu caminho e o desejo do seu coração é liberado.

O que é seu de verdade? A resposta é: "Tudo aquilo que o Reino fornece lhe pertence". Cada desejo justo do coração está prometido a você. Há três mil promessas na *Bíblia*, mas só podemos atrair essas bênçãos se acreditarmos que são possíveis, porque tudo vem

O PODER INVISÍVEL DA PALAVRA

de você (e não *para* você). A vida toda é vibração. Sinta-se rico e atrairá riquezas. Sinta-se um homem bem-sucedido e se tornará um deles.

Conheci um garotinho que nasceu em uma pequena cidade do interior sem grandes recursos. Embora humilde, ele sempre se sentiu bem-sucedido; tinha a convicção de que, quando crescesse, seria um grande artista. Ninguém conseguia desencorajá-lo porque ele se sentia vitorioso; pensava apenas no sucesso; irradiava sucesso. Ainda jovem, ele deixou a cidadezinha, mudando-se para uma cidade grande, e, para se sustentar, conseguiu um cargo como aprendiz de desenhista em um jornal diário; tudo isso sem nenhuma preparação prévia. Nunca ocorreu a ele que fosse impossível. Com o tempo, passou a frequentar uma escola de arte, sem estudar de forma acadêmica, pois conseguia se lembrar daquilo que via apenas uma vez. Passado alguns anos, já adulto, foi para uma cidade ainda maior e tornou-se um artista renomado. O sucesso o encontrou porque ele sempre estava vendo o sucesso. "Eu te darei a terra que tu vês."

Foi dito aos filhos de Israel que poderiam possuir toda a terra que avistassem. A *Bíblia* é um livro metafísico e fala ao indivíduo. Neste minuto, ela diz a cada um de nós: "Eu te darei a terra que tu vês". Então, o que você está vendo com seu olho interior? Que imagens está convidando para a sua vida? A capacidade imaginativa já foi chamada de "a tesoura da mente". Se você tem pensamentos de fracasso, reverta-os para um pensamento de sucesso. Isso parece fácil de fazer, mas, quando um pensamento de fracasso já se tornou habitual, é preciso vigilância eterna para desalojá-lo. É aí que uma afirmação poderosa é necessária. Nem sempre você pode controlar seu pensamento, mas pode controlar sua palavra, e, eventualmente, a palavra se fixa no subconsciente e vence. Se você estiver em um estado de espírito negativo, apenas faça a afirmação: "*Olho com admiração aquilo que está diante de mim*". Isso cria a expectativa de algo maravilhoso, e algo maravilhoso virá ao seu encontro. Cultive o sentimento de que milagres e maravilhas acontecerão. Cultive a expectativa do sucesso.

Pouquíssimas pessoas levam para suas vidas o que é delas por direito. Elas vivem nos arredores do desejo de seus corações. Sempre parece bom demais para ser verdade. Para a pessoa espiritualmente desperta, nada é bom demais para ser verdade.

Se você quiser ouvir pessoas falando que ainda estão dormindo no sonho adâmico, vá a um salão de cabeleireiro. O sonho adâmico é a ilusão dos opostos. Adão caiu em um sono profundo após comer da árvore das ilusões. É claro que Adão representa o homem comum, a raça humana. A humanidade imaginou, inutilmente, perda, escassez, fracasso, pecado, doença e morte. O homem desperto conhece apenas um poder, Deus, e uma condição, o bem. Mas agora vamos voltar para o salão de beleza. O trecho a seguir é uma citação direta e um bom exemplo do que é possível ouvir.

Uma mulher sentou-se perto de mim e disse em voz alta:

– Este lugar está quente demais. Ligue o ventilador ou abra alguma janela.

A atendente perguntou:

– Como está se sentindo hoje, senhora S?

Ela respondeu com um suspiro pesado:

– Ah, estou muito bem, mas é difícil me manter assim.

À manicure, perguntou:

– Por que você não usa óculos?

A garota respondeu:

– Não preciso de óculos, por que usaria?

A mulher respondeu:

– Porque todo mundo usa. Você irá descobrir algo de errado com seus olhos se for examiná-los.

Quando ela finalmente deixou o salão, todos se sentiam desanimados e imaginavam se realmente estavam bem ou apenas pareciam estar. A mulher deixou um rastro de apreensão e pessimismo. Este é um exemplo do que alguém pode escutar em qualquer lugar; a maneira como a maioria das pessoas emite suas opiniões. É terrível quando se conhece o poder das palavras e o que elas atraem, porque quase todos descrevem as próprias doenças.

Você se une àquilo que observa, então, não descreva nada destrutivo, porque começará a se unir a isso.

O que é seu de verdade? As bênçãos que você atrai, por meio de sua palavra falada ou silenciosa; as coisas que vê com seu olho interior. Apenas suas dúvidas, medos e ressentimentos mantêm a prosperidade afastada. Se você odeia ou se ressente de uma situação, você fica preso a ela, pois atrai o que teme ou não gosta. Por exemplo: alguém cometeu uma injustiça, deixando-o cheio de ira ou ressentimento, sem conseguir perdoar a pessoa que a cometeu. O tempo passa e outra pessoa faz a mesma coisa. É porque você tem uma imagem de injustiça gravada em seu subconsciente. A história se repetirá até você pensar que está amaldiçoado com infelicidades e injustiças. Só há um jeito de neutralizar isso: torne-se completamente inabalável pela injustiça e emita boa vontade a todos os envolvidos. *"Minha benevolência é uma torre poderosa ao meu redor. Agora transformo todos os inimigos em amigos, toda desarmonia em harmonia, toda injustiça em justiça."* Você ficará surpreso com o funcionamento da lei.

Uma aluna trouxe harmonia em meio ao caos em seus assuntos profissionais com esta afirmação.

Não olhe para trás nem fale sobre os momentos difíceis, ou você será atraído de volta para essas condições. Agradeça pela aurora de um novo dia. É preciso estar imune a todo desânimo e circunstâncias adversas.

Tudo que você deseja ou necessita já está em seu caminho, mas você precisa estar bem desperto à prosperidade para que ela se manifeste. Após fazer afirmações da Verdade, você subitamente tem um lampejo de concretização. Você, de repente, sente como se estivesse em um novo ambiente. Sente as antigas circunstâncias negativas diminuindo. Certa vez eu disse a uma mulher: "As paredes da escassez e do atraso desmoronam agora, e você entra em sua terra prometida, sob a graça". Ela disse que teve um lampejo repentino de um muro desmoronando e que ela passou por cima dele. Logo depois, a mudança veio, e ela realmente entrou em sua "terra prometida" da fartura.

Conheci uma mulher cujo desejo de sua filha, Nellie, era casar-se e ter um lar. No início da juventude, a jovem rompeu um noivado. Toda vez que um possível casamento surgia no horizonte, ela sentia muito medo e apreensão, imaginando todos os detalhes de outra decepção, e ela teve muitas. Sua mãe me procurou para proferir a palavra para o casamento certo, divinamente planejado, no qual não poderia haver interferência. Durante a conversa, a mãe dizia sempre:

– Pobre Nellie! Pobre Nellie!

Eu disse:

– Nunca mais se refira à sua filha como "pobre". Você está ajudando Nellie a ser desmagnetizada. Chame-a de "sortuda", "afortunada", pois você precisa ter fé de que Deus agora lhe dá os desejos do seu coração.

O PODER INVISÍVEL DA PALAVRA

Mãe e filha perseveraram nas afirmações. Atualmente, Nellie realizou seu destino, casando-se e tendo um lar, e o demônio do medo se dissolveu para sempre.

Há afirmações maravilhosas na *Bíblia* que se referem à destruição de formas de pensamento negativas. "O poder do Espírito é poderoso até para derrubar fortalezas." A mente humana é impotente para lidar com esses pensamentos negativos. A vitória se conquista com o Deus interior, a mente superconsciente.

"Irmãos, tudo o que for verdadeiro, tudo o que for nobre, tudo o que for correto, tudo o que for puro, tudo o que for amável, tudo o que for de boa fama, se houver algo de excelente ou digno de louvor, pensai nessas coisas." (Filipenses 4,8)

Se as pessoas obedecessem a isso, as conversas corriqueiras ficariam suspensas por um tempo, até que elas aprendessem a falar sobre coisas construtivas.

"Não andeis ansiosos por coisa alguma"

Ao longo de toda a *Bíblia* somos educados para não sermos ansiosos, não sermos temerosos, não acumularmos nem economizarmos, porque um poder invencível, invisível, está sob o comando do homem para suprir cada necessidade. Mas somos instruídos que isso só vai funcionar se de fato acreditarmos. "Tudo é possível àquele que crê." É difícil para o homem crer nesse poder, porque ele foi perfeitamente treinado na incredulidade. "Vou acreditar apenas no que eu possa ver" era considerado o auge da sabedoria. Vivíamos em um mundo de aparências, onde achávamos que tudo "simplesmente acontecia". Não sabíamos que por trás de cada acontecimento havia uma causa, que nós mesmos colocávamos em movimento o maquinário que gerava o bem ou o mal em nosso caminho.

O PODER INVISÍVEL DA PALAVRA

Não sabíamos que palavras e pensamentos são um tipo de explosivo e que devem ser manuseados com cuidado, com sabedoria e entendimento. Lançamos ao ar palavras de raiva, ressentimento ou autopiedade, e então nos perguntamos por que a vida é tão difícil.

Por que não experimentar a fé, confiar nesse poder divino invisível? "Não andeis ansiosos por coisa alguma, mas em tudo, pela oração e pelas súplicas, e com ação de graças, apresentai vossos pedidos a Deus." Será que alguma coisa poderia ser mais simples ou direta? Ansiedade e tendências viraram hábitos. As velhas maneiras de pensar que você construiu no subconsciente se agarram feito cracas em um transatlântico. Mas o transatlântico, de vez em quando, é colocado em uma doca seca para lhe rasparem as cracas; então, suas cracas mentais terão que passar pelo mesmo processo. A doca seca é uma situação importante.

Conheço uma mulher que foi covarde a vida inteira, especialmente em relação às finanças. Ela se preocupava o tempo inteiro com dinheiro. Ao conhecer a Verdade, percebeu como tinha se limitado e, de repente, deu o salto gigante de fé. Começou a confiar em Deus, e não no exterior, para suas provisões. Seguia as orientações definitivas a respeito dos gastos. Se começasse a se sentir pobre com alguma de suas roupas, as descartava de uma vez por todas e comprava algo novo para sentir-se rica. Tinha pouquíssimo dinheiro, mas dava um décimo (um dízimo) para ações de caridade. Ela estava alcançando uma nova vibração. Logo, as coisas começaram a mudar no exterior. Uma mulher, com a qual não tinha laços familiares, que era apenas uma antiga amiga de sua família, deixou-lhe mil dólares. Alguns meses depois, mais mil dólares surgiram. Então, uma grande porta se abriu para seu suprimento e muitos milhares surgiram. Ela havia acessado sua fonte invisível do Banco

Universal. Ela tinha buscado apenas por Deus para supri-la, e os canais se abriram. O ponto que estou trazendo é que ela perdeu toda ansiedade sobre assuntos financeiros. Estabeleceu em seu subconsciente a firme convicção de que seu suprimento vinha de Deus, e nunca falhou.

O homem é um instrumento de trabalho da Inteligência Infinita. Por meio dele, ela expressará sucesso, felicidade, abundância, saúde e autoexpressão perfeita, a não ser que o medo e a ansiedade entrem em curto-circuito.

Se quisermos exemplos de fé destemida, vamos ao circo! Os circenses executam feitos supostamente impossíveis porque acreditam que podem e se enxergam fazendo isso. Fé significa que você consegue se ver recebendo todas as coisas que deseja. "Eu te darei a terra que tu vês."

Você nunca conseguirá fazer aquilo que não consegue se ver fazendo, ou ocupar um lugar que não consegue se ver ocupando. Não visualize, não crie uma imagem mental (esse é um processo mental e costuma trazer resultados equivocados e limitados); precisa ser uma compreensão espiritual, um sentimento de que você já está lá; deve estar em sua vibração…

Fiquei muito impressionada com a história de um atleta, aliás, o maior multiatleta do mundo. Um dia, ele estava deitado em uma rede, dormitando ao sol, quando seu treinador se aproximou com o olhos lacrimejantes e pediu:

– Jim, pelo amor de Deus e do seu país, você poderia se levantar, sair dessa rede e fazer alguma coisa?

Jim abriu um olho e respondeu:

– Estava mesmo pensando nisso. Ia pedir para chamarem você.

– Ótimo – disse o treinador –, o que quer que eu faça?

O PODER INVISÍVEL DA PALAVRA

– Primeiro – falou Jim –, quero que você marque sete metros aí no chão.

O treinador acatou.

– O que mais?

– Só isso – respondeu o atleta, e fechou os olhos e se balançou alegremente.

Depois de pelo menos cinco minutos, Jim abriu os olhos, observou as marcas por alguns segundos e voltou a cerrá-los.

– Qual é a ideia? – gritou o treinador. – O que você está fazendo?

O atleta lançou um olhar reprovador a ele e respondeu:

– Estou praticando o salto a distância.

Jim fez todo o treinamento deitado em uma rede, vendo-se dando o salto.

Onde não há revelação divina, meu povo perece, em escassez e limitação. Você pode trabalhar duro nas coisas externas e não conquistar nada, se não tiver visão. Visão significa ver claramente onde você está indo. Manter os olhos no objetivo. Todos os homens que conquistaram coisas grandiosas fizeram isso.

James J. Hill, que construiu a ferrovia Great Northern, disse que, antes de o trilho ser colocado, ouviu com seu ouvido interior o barulho dos trens e o apito da locomotiva. Ele teve muitos obstáculos para superar, mas a visão que o possuiu tinha sido tão clara que não esmoreceu. Uma coisa a seu favor é que sua esposa acreditava nele. Dizem que são necessários dois para realizar um sonho.

Henry Ford, ao falar sobre sua sogra, disse que ela era uma mulher esplêndida, pois "ela acreditou em mim".

"Se dois de vós concordardes, assim será feito." Se você acredita em si, outros acreditarão. Quando você acredita em si e no poder interior de Deus, o medo e a ansiedade recuam. Você estabelece a vibração da segurança. Isso é o que ocorre com uma pessoa intuitiva. Cada movimento é feito sob a orientação divina e o indivíduo nunca desrespeita um pressentimento, portanto, está sempre no local certo, na hora certa. Entretanto, muitas vezes é necessária muita coragem para seguir a intuição. É preciso ser um *viking*, destemido, para navegar em mares desconhecidos. Claude Bragdon diz: "Viver intuitivamente é viver na quarta dimensão". O caminho mágico o guia para fora da terra do Egito, para fora da casa da servidão. Ele é inestimável nos negócios.

Nunca proponha um pressentimento a alguém no plano racional. Deixe que, aqueles que possuem ouvidos para ouvir, ouçam suas orientações intuitivas e as obedeçam de imediato.

"Mas sei que, mesmo agora, Deus te dará tudo o que pedires." Isto é verdade para todos nós. Mas se não recebemos todas as bênçãos da vida é porque nos esquecemos de pedir ou não "pedimos corretamente". A *Bíblia* ensina a lei espiritual e devemos estudá-la e usá-la de todos os ângulos para colocar em movimento a grande máquina de pedir e receber.

Toda máquina deve ser lubrificada e encerada para ser mantida em bom funcionamento. A fé ativa e a expectativa mantêm a máquina de pedir e receber em perfeita ordem. A seguir, estão alguns dos lubrificantes que a mantêm funcionando: "Tudo o que pedirdes em oração, crede que já o recebestes", "Não andeis ansiosos por coisa alguma", "Permanecei firmes e vede o livramento que o Senhor dará", "Não ponhais Deus à prova". Compreensão é manifestação.

Ore com louvor e graças. Algumas pessoas oram cheias de raiva e ressentimento. Uma mulher me escreveu, dia destes, dizendo: "Acabei de ter uma boa conversa com Deus e disse o que Ele deveria fazer". Ela tinha o hábito de dar ordens às pessoas e enxergava Deus

O PODER INVISÍVEL DA PALAVRA

como alguém que poderia intimidar a fazer algo por ela. Deus é a Inteligência Suprema dentro de cada um de nós, e nós somos os canais para que Ele se expresse. Precisamos ser irresistentes, tranquilos e pacíficos, esperando que nossa prosperidade aconteça. Somos os receptores, Deus é o Doador, e Ele precisa criar os próprios canais. Descobrimos que é realmente uma arte orar corretamente. Deus precisa ter prioridade; é o caminho d'Ele, não o seu. No momento em que você pede, a Inteligência Infinita conhece o caminho para a concretização. Ao decidir como a sua prece deve ser atendida, você bloqueia o canal divinamente planejado. Então, é provável que você diga: "Minhas preces nunca são atendidas". Precisamos desenvolver uma técnica e emitir um desejo sincero, que é a prece. Libertamo-nos do apego e da ansiedade quando afirmamos: "*Se isso está de acordo com o plano divino, o receberemos; se não, nos dê seu equivalente*". Tome cuidado para não forçar nada que não esteja divinamente planejado.

Precisamos saber que nada pode nos derrotar quando nos unimos ao poder de Deus. "Os caminhos de Deus são engenhosos, Seus métodos, garantidos."

Dois dos mais belos Salmos são o 23 e o 121. Ambos trazem um sentimento de segurança absoluta e foram escritos por um homem que havia experienciado o funcionamento da lei espiritual.

O Deus interior protege, guia e supre, quando confiado plenamente. A maioria das pessoas perde o que mais ama por medo de perder; toma todas as precauções no exterior, sem confiar na proteção do "olho que zela por Israel". Coloque aquilo que ama sob a lei da proteção divina.

A parte mais importante da manifestação é mostrar fé destemida. "Eu irei adiante de vós e aplainarei montes; derrubarei portas de bronze e romperei trancas de ferro." A *Bíblia* está falando sobre estados de consciência. As "portas de bronze" e as "trancas de ferro" são suas dúvidas, medos, ressentimentos e ansiedades. As portas e as trancas foram criadas por você e vêm de suas fantasias infrutíferas, de uma crença no mal. Há uma história de uma manada de elefantes selvagens: eles foram encurralados em um cercado, mas os homens não tinham como mantê-los presos. Então, enterraram estacas e colocaram uma corda ao redor do local. Os elefantes acharam que não conseguiriam escapar dali. Eles poderiam ter apenas ultrapassado a corda e saído, mas tiveram a ilusão de que a corda os mantinha aprisionados. É assim com os humanos: a dúvida e o medo são como uma corda esticada ao redor de sua consciência. Torna impossível que ela se liberte para um pensamento claro.

A visão clara é como um homem com uma bússola, ele sabe para onde está indo. Permita que a intuição seja sua bússola e ela sempre o ajudará a sair da selva. Até mesmo um homem sem bússola, guiado pela intuição, encontraria o caminho para fora da selva ou seria capaz de pilotar um navio no mar. A intuição lhe dirá para passar por cima da corda. É incrível como as pessoas desconsideram sua capacidade mais importante: a intuição. No caminho do homem há sempre uma mensagem ou orientação. Com frequência nossas orientações parecem triviais ou tolas. Uma pessoa puramente no plano intelectual as rejeitaria de uma só vez, mas o estudante da Verdade sempre mantém seu ouvido espiritual no solo espiritual, pois sabe que recebe ordens do Infinito. A *Bíblia* fala bastante da "voz mansa e suave". É um som que não é uma voz de verdade, apesar de, algumas vezes, palavras reais serem registradas no ouvido interior.

Quando pedimos orientação e deixamos a mente racional de lado, estamos explorando o suprimento universal de todo o

O PODER INVISÍVEL DA PALAVRA

conhecimento; tudo que for necessário saber, será revelado a você. Algumas pessoas são intuitivas por natureza e estão sempre em contato com a Inteligência Universal, mas, ao fazer uma afirmação, fazemos um contato consciente. A oração é uma ligação telefônica com Deus, e a intuição é Deus telefonando para você. Muitas pessoas têm uma "linha ocupada" quando Deus telefona e não recebem a mensagem. A linha fica "ocupada" quando o indivíduo está desanimado, bravo ou ressentido. É conhecida a expressão: "Ficou cego de ódio". Podemos acrescentar: "Ficou surdo de ódio". As emoções negativas afogam a voz da intuição.

Quando você estiver desanimado, com raiva ou ressentido, é o momento de fazer uma afirmação da Verdade, a fim de sair da floresta do desespero e da limitação, pois "todo aquele que invocar o nome do Senhor será salvo". Há uma saída: *Revela-me teu caminho*".

Precisamos parar de planejar, argumentar e calcular, e deixar a Inteligência Infinita resolver o problema à própria maneira. O poder de Deus é sutil, silencioso e irresistível. Aplaina montes, enche vales e desconhece a derrota! Nossa parte é nos prepararmos para as bênçãos e seguimos as orientações intuitivas.

Agora damos prioridade à Inteligência Infinita.

Destemor

"Por que temeis, homens de pouca fé?"

Ao longo de toda a *Bíblia* é dito ao homem que não tenha medo. O medo é o único inimigo do homem. É a fé invertida.

Jesus Cristo disse: "Por que temeis, homens de pouca fé?". Se você apenas acreditar, todas as coisas são possíveis. Unido ao poder de Deus, o homem é invencível. A história de Jeosafá é a história do indivíduo. Muitas vezes, ele parece estar em desvantagem em relação às aparências adversas, mas ouve a mesma voz do Infinito dizendo: "Não tenhais medo nem fiqueis desanimado por causa desse grandioso exército". Jeosafá e seus comandados ouviram, até mesmo, que não precisariam entrar na batalha. "Preparai-vos, estai quietos e vede a salvação do Senhor", pois a batalha era de Deus, não deles. Jeosafá nomeou cantores para o Senhor para louvarem a beleza da santidade, enquanto iam à frente do exército, dizendo: "Dai graças ao Senhor, porque a Sua misericórdia dura para sempre". Quando

O PODER INVISÍVEL DA PALAVRA

eles se aproximaram da torre no deserto, olharam em direção à multidão e eis que estavam todos mortos. O próprio inimigo tinha se destruído. Não havia ninguém com quem lutar. A *Bíblia* está falando sobre estados de consciência. Os inimigos são suas dúvidas e medos, suas críticas e seus ressentimentos. Todo pensamento negativo é um inimigo. Você pode ser superado em número por aparências adversas, mas não tenha medo nem se assuste por causa dessa grande multidão, pois a batalha não é sua, mas de Deus.

Ao acompanharmos com atenção a história de Jeosafá, vemos que ele se adiantou ao fazer uma afirmação: "Dai graças ao Senhor, porque Sua Misericórdia dura para sempre!". Ele não tinha nada a dizer sobre o inimigo ou sobre a própria falta de força. Estava dando plena atenção a Deus e, quando começou a cantar e a louvar, o Senhor posicionou emboscadas contra os inimigos, e eles foram derrotados.

Quando você faz suas afirmações da Verdade, os pensamentos inimigos são derrotados, dissolvidos e dissipados; portanto, todos os aspectos adversos desaparecem. Quando Jeosafá e seu exército se aproximaram da torre de vigia no deserto, olharam para a multidão e viram que todos estavam mortos. A torre de vigia é o seu estado elevado de consciência, sua fé destemida, seu local de segurança. Lá, você ascende sobre todas as condições adversas, e a batalha de Deus é vencida.

"Então Jeosafá e os seus soldados vieram para levar os despojos do inimigo, encontraram entre eles grande quantidade de equipamentos e objetos de valor, mais do que podiam levar, e passaram três dias recolhendo tudo." Isso significa que, quando você permite que Deus lute a batalha por você, bênçãos enormes surgem de cada situação adversa. "Pois o teu Deus transformará a maldição em bênção, porque o Senhor teu Deus te ama." A engenhosidade do Espírito é incrível. É inteligência pura e não tolera nenhuma interferência em seus planos. É muito difícil para uma pessoa comum "permanecer firme", ou seja, manter o equilíbrio e deixar a Inteligência Infinita controlar a situação. As pessoas gostam de se apressar para a batalha e tentar administrar as coisas sozinhas, o que resulta em derrota e fracasso.

"Não precisareis lutar nessa batalha. Tomai vossas posições, permanecei firmes e vede o livramento que o Senhor dará. Saí para enfrentá-los amanhã, e o Senhor estará convosco." Isso significa não fugir da situação, mas caminhar sem medo e enfrentar o leão em seu caminho, e o leão se transformará em um cachorrinho. O leão tira sua ferocidade do seu medo. O grande Goethe disse: "A coragem contém em si mesma o poder, o gênio e a magia".

Daniel não teve medo, e a boca dos leões se fechou. O rei Dario gritou para Daniel enquanto ele ainda estava na cova dos leões, perguntando se Deus poderia salvá-lo, e Daniel respondeu: "Ó rei, vive para sempre! Meu Deus enviou o seu anjo, que fechou a boca dos leões. Eles não me fizeram mal algum". Nesta história, temos a atitude subjugada dos leões como resultado do poder espiritual; a alcateia inteira mudou da ferocidade para a docilidade, e Daniel desviou o olhar das bestas para a Luz e Poder do Espírito, que o salvou inteiramente das feras. Raramente um dia se passa sem que algum tipo de leão apareça no caminho do homem; os leões da escassez, da limitação, do medo, da injustiça, do horror ou dos presságios. Caminhe imediatamente até a situação da qual você tem medo. Se fugir, ela sempre estará em seu encalço.

Muitas pessoas perdem as coisas que valorizam ou amam porque estão sempre com o sentimento da perda. Elas fazem todo o possível externamente para garantir proteção, mas por trás de tudo está a imagem devastadora do medo. Para manter as coisas que você valoriza e ama, é preciso saber que elas têm proteção divina e, portanto, nada pode feri-las. Dou o exemplo de uma mulher que gostava muito de um homem bonito e popular entre as mulheres. Ela decidiu impedir o encontro dele com uma em particular que conhecia, porque tinha certeza de que a mulher faria todo o possível para "tirá-la de cena". Certa noite, ela foi ao teatro e lá estava ele com a mulher. Eles haviam se conhecido em um jogo de cartas. Os medos dela tinham atraído a situação.

Eu conhecia uma mulher que tinha sete filhos. Ela sabia que todos eles tinham proteção divina e cresceram em segurança. Um dia, uma vizinha chegou correndo e disse:

– É melhor chamar seus filhos, porque eles estão subindo e descendo nas árvores. Vão acabar se machucando!

Minha amiga respondeu:

– Ah, eles estão apenas brincando de pega-pega. Não ligue para eles e nada vai acontecer.

Assim como Daniel, ela virou as costas para a situação e deixou que Deus cuidasse dela.

As pessoas comuns são ressentidas, resistentes ou arrependidas. Elas se ressentem daqueles que conhecem e daqueles que não conhecem. Resistem a tudo, até mesmo ao horário de verão. Se arrependem do que fizeram e do que não foi feito. É muito cansativo estar com pessoas assim. Elas cansam todos os amigos que as cercam. E tudo porque não estão vivendo no maravilhoso AGORA, e sim perdendo todas as orientações do jogo da vida.

É o paraíso ser destemido e viver por completo no AGORA; isto é, não ter medo de usar o que temos, sabendo que, como apoio, podemos recorrer à abundância das esferas. Sabemos que a fé destemida e a palavra falada liberam esse suprimento. Conhecia-se o poder da palavra no Egito há milhares de anos.

Lemos na Bíblia: "Estou fazendo novas todas as coisas!". Por intermédio das palavras da Verdade, podemos renovar nossa mente, corpo e circunstâncias. Quando todo medo é destruído, vivemos vidas mágicas. Como Jeosafá, seguimos em frente, cantando sem medo: "Dai graças ao Senhor, pois Sua misericórdia dura para sempre". Em nossa torre de vigia de consciência elevada, permanecemos firmes e vemos a salvação do Senhor.

O cristianismo é fundado na fé. A fé dá ao indivíduo uma confiança sublime de sua prosperidade. Ele pode estar cercado por aspectos adversos, mas essa confiança sublime se fixa na mente subconsciente, e um caminho se abre para a manifestação de saúde, riqueza e felicidade. Há um suprimento infinito e invisível para cada homem. "Antes de clamarem, eu responderei." Esse suprimento está esperando para ser liberado pela fé e pela palavra falada. Descobrimos que Jesus Cristo ensinou uma ciência exata.

Na Feira Mundial, podia-se ter um panorama da cidade de Nova York no Edison Building. Ao anoitecer, quando a cidade se iluminava, os prédios exibiam uma infinidade de luzes. O homem que explicava a exposição disse: "A cidade é iluminada pelo poder da eletricidade, com o toque em um interruptor, o toque de uma mão". Edison foi o homem que teve fé nas leis da eletricidade, pois sabia o que poderia ser feito se ela fosse explorada e direcionada. Ela parecia ter inteligência própria. Edison criou um dínamo por meio do qual a eletricidade funcionaria, após anos de paciência e dedicação afetiva ao trabalho. Agora, esse poder ilumina o mundo, pois é explorado e direcionado.

O PODER INVISÍVEL DA PALAVRA

Jesus Cristo ensinou o homem a explorar e direcionar pensamentos. Ele sabia que o medo é tão poderoso quanto as forças elétricas descontroladas. Palavras e pensamentos precisam ser manejados com sabedoria e entendimento. A imaginação é a oficina do homem, e uma imaginação que corre solta e constrói imagens de medo é tão segura quanto cavalgar em um cavalo selvagem.

Nascemos e fomos criados em uma época de dúvidas e medo. Disseram-nos que a era dos milagres terminara e que deveríamos esperar o pior. Riram dos que eram otimistas. Um comentário brilhante foi: "Um pessimista é uma pessoa que vive com um otimista". Pensava-se que "coma primeiro as maçãs manchadas" fosse o ápice da sabedoria. Eles não pareciam perceber que, ao seguir esse conselho, nunca alcançariam as maçãs boas, pois elas também estariam manchadas quando o momento chegasse.

Que lindo seria este mundo se toda a ansiedade e o medo fossem destruídos. Esses gêmeos, ansiedade e preocupação, tornam os homens escravos e são destruidores da saúde, da riqueza e da felicidade.

Há apenas uma maneira de se livrar do medo, que é transformá-lo em fé, pois o medo é o oposto da fé. "Por que temeis, homens de pouca fé?" Estas palavras ecoam através dos séculos. Jesus Cristo ensinou que o Pai dentro de cada ser humano pode ser absolutamente confiado para guiar, proteger e prover, quando o homem acredita que isso seja possível. Jesus Cristo demonstrou esse poder divino várias vezes para convencer Seus discípulos. Fora do invisível, Ele trouxe os pães e os peixes; ressuscitou os mortos; e retirou dinheiro da boca dos peixes. Ele lhes disse: Fareis coisas ainda maiores do que estas, porque eu estou indo para o Pai".

Sabemos que Ele estava ensinando uma ciência exata, a ciência da mente, o poder do pensamento e o poder da palavra. Precisamos ter fé, pois a fé registra a ideia na mente subconsciente. Quando uma ideia é registrada no subconsciente, ela precisa ser objetivada. Essa é a razão pela qual Jesus Cristo disse às pessoas que, se elas acreditassem (tivessem fé), todas as coisas eram possíveis.

Como nos livrar dessa ansiedade, que poderíamos chamar de "antifé"? O único jeito de neutralizá-la é ir ao encontro daquilo que você teme.

Havia um homem que perdera todo o seu patrimônio. Ele estava morando em um lugar muito pobre; todas as pessoas ao seu redor eram humildes e ele tinha medo de gastar o pouco que lhe restava, em torno de cinco dólares. Tentou arrumar emprego, mas todos o recusaram. Certa manhã, ele acordou para encarar outro dia de escassez e decepção, quando teve a ideia (ou pressentimento) de ir a uma exposição de cavalos. Quase todo o seu dinheiro foi gasto para comprar o ingresso para a feira. Não pestanejou, estava inflamado pela ideia de estar com pessoas ricas e bem-sucedidas de novo. Sentia-se cansado de seus arredores limitados. Lá, encontrou um antigo amigo, que lhe disse: "Olá, Jim! Onde você esteve este tempo todo?". Antes da exibição equina terminar, ele recebeu um convite para um cargo maravilhoso na empresa do antigo amigo. O pressentimento e a atitude destemida em relação ao dinheiro que tinha naquele momento o colocaram em uma nova vibração de sucesso.

Crie o hábito de dar grandes saltos de fé. Você receberá recompensas maravilhosas!

Como já foi observado, olhamos com admiração as pessoas no circo realizando feitos impressionantes. Essas pessoas têm fé de que conseguem executar tais atos e se veem executando-os. Você não pode conquistar nada que não se veja conquistando. Esses feitos

O PODER INVISÍVEL DA PALAVRA

difíceis são uma questão de estabilidade e equilíbrio. Seu sucesso e sua felicidade dependem de sua estabilidade e equilíbrio. Confiar em Deus é como caminhar na corda bamba. Dúvida e medo fazem você perder o equilíbrio e cair na escassez e na limitação. Assim como o artista de circo, é preciso praticar. Não importa quantas vezes você caia, tente novamente. Logo você vai adquirir o hábito da estabilidade e do equilíbrio. E então o mundo será seu. Você caminhará feliz para o seu reino. Todos os artistas circenses parecem amar seu trabalho, apesar das dificuldades. A banda toca, as pessoas aplaudem e eles sorriem, mas lembre-se de que eles foram treinados sem a música e sem os aplausos.

Ritmo, harmonia e equilíbrio são as chaves para o sucesso e a felicidade. Quando você está fora de ritmo, está sem sorte.

No capítulo 4 de Filipenses, lemos: "Não andeis cautelosos (ou ansiosos) por coisa alguma, mas em tudo, pela oração e pelas súplicas, e com ação de graças, apresentai vossos pedidos a Deus". Esse é, com certeza, um acordo fantástico em favor do homem. O homem, livre de preocupações e temores, pede com ação de graças e sua prosperidade lhe é concedida.

Vitória e realização

Vitória e realização são duas palavras maravilhosas, e, como sabemos que palavras e pensamentos são uma forma de radioatividade, temos o cuidado de escolher as palavras que desejamos ver cristalizadas.

A vida é um jogo de palavras-cruzadas: a palavra certa lhe dá a resposta. Muitas pessoas estão tagarelando palavras destrutivas em suas conversas. Ouvimos a maioria dizer: "Estou quebrada!", "Estou doente!". Lembre-se de que pelas suas palavras você será absolvido e pelas suas palavras será condenado. Elas o condenam porque não retornam vazias. Mude suas palavras e mudará o seu mundo. Você escolhe sua comida e agora o mundo preocupa-se com as calorias. As pessoas não comem mais bolos de trigo-sarraceno, bife, batata, torta e três xícaras de café no desjejum. Para manter o peso elas comem torradas e suco de laranja. Isso exige uma tremenda disciplina, mas elas estão trabalhando na obtenção de resultados.

O PODER INVISÍVEL DA PALAVRA

Então, por que não tentar uma dieta de palavras certas, já que você está literalmente comendo suas palavras? Essa é a importância da afirmação. Deliberadamente, você está desenvolvendo uma ideia construtiva em sua consciência. Sua consciência pode estar abarrotada e lotada de ideias destrutivas, mas manter-se fazendo uma afirmação da Verdade dissolverá essas formas de pensamento negativas, as quais foram construídas pela sua imaginação infrutífera. Talvez, quando criança, tenham lhe ensinado que a vida é difícil, que a felicidade é passageira e que o mundo é frio e pouco amigável. Essas ideias se fixaram em seu subconsciente e você descobriu que as coisas eram exatamente como haviam sido previstas. Com o conhecimento da Verdade, todas essas imagens externas podem ser modificadas, pois são apenas imagens que mudam conforme mudam suas crenças subconscientes.

Quando digo às pessoas sobre o poder da palavra e que as palavras e pensamentos são uma forma de radioatividade, e que não retornam vazios, elas dizem: "Ah, é tão fácil assim?". Muita gente gosta de coisas difíceis e complicadas de serem entendidas. Acredito que esse foi o motivo pelo qual os ensinamentos incrivelmente simples de Jesus Cristo terem sido esquecidos após algumas centenas de anos. As pessoas criaram credos e cerimônias que só entendem pela metade. Agora, no século XX, os segredos estão sendo revelados e estamos tendo novamente o cristianismo primitivo.

"Tudo o que pedirdes em oração, se crerdes, recebereis." Sabemos que nossas crenças ou expectativas se fixam no subconsciente e são executadas. Podemos dizer que, se você pedir sem crer, não receberá. A fé cria expectativa.

Essa Inteligência Infinita de onde o homem extrai seu suprimento é chamada por Jesus Cristo de "Seu Pai Celestial". Ele descreveu o Pai interior como um pai gentil e amoroso, desejoso de derramar todas as coisas boas sobre Seus filhos. "Não tenhais medo, pequeno rebanho, pois foi do agrado do Pai dar o Reino a vós." Ele ensinou que a lei de Deus era apenas a lei do amor e da benevolência. "Amai a teu próximo como a ti mesmo", "Faz aos outros o que gostarias que fosse feito a ti." Qualquer violação da lei do amor causa um curto-circuito. "O caminho do transgressor é difícil." Deus é a lei imutável, "Porque eu, o SENHOR (lei), não mudo". Ideias divinas são imutáveis, não sujeitas a mudanças. Que palavras fantásticas: "Imutáveis, não sujeitas a mudanças".

Uma mulher me procurou cheia de temores e pressentimentos. Disse que havia anos era perseguida pelo medo de que, mesmo se recebesse o desejo de seu coração, algo aconteceria e arruinaria tudo. Dei a ela a afirmação: "*O plano divino de sua vida é uma ideia perfeita na Mente Divina, incorruptível e indestrutível, e não pode ser arruinado de modo algum*". Um grande peso foi tirado da consciência dela. Pela primeira vez em muitos anos, ela teve um sentimento de felicidade e liberdade. Conhecer a Verdade lhe causa uma sensação de liberdade, e logo depois a verdadeira liberdade surge no exterior.

Ao falar a palavra, o homem se torna uno com a Inteligência Suprema. Essa inteligência aguarda o direcionamento do homem, mas deve ser priorizada, não limitada.

A Atividade Divina em seu corpo traz saúde. Há apenas uma doença (congestão) e uma cura (circulação). Congestão e estagnação são a mesma coisa. As pessoas dizem que "entraram em uma rotina". Uma ideia nova vai tirá-las da rotina. De fato, precisamos sair da rotina do pensamento negativo.

A palavra "entusiasmo" está definida no dicionário como "estado de fervor, de emoção religiosa intensa". O entusiasmo é o fogo divino que se acende nos outros. Para ser um bom vendedor você precisa se entusiasmar com o que está vendendo. Se está entediado ou desinteressado com seu negócio, o fogo se apaga e ninguém mais se interessará por nada.

Uma mulher me procurou para pedir sucesso nos negócios. Ela disse:

– Tenho um comércio que costuma estar sempre vazio. Nem me incomodo mais em abrir a loja cedo. Qual o propósito?

Respondi:

– Realmente não há propósito enquanto você continuar se sentindo desse jeito. Você está mantendo as pessoas afastadas. Se entusiasme com o que tem para vender. Se entusiasme consigo mesma. Fique entusiasmada com o poder de Deus dentro de você, acorde cedo para abrir sua loja e se prepare para uma grande clientela.

Totalmente envolvida com a expectativa divina, ela correu para a loja e encontrou clientes aguardando do lado de fora. E foi assim o dia inteiro.

As pessoas me dizem com frequência: "Trate o meu negócio". Respondo: "Não! Vou tratar você, pois VOCÊ é o seu negócio". A sua qualidade de pensamento penetra em cada item à venda e em todas as circunstâncias conectadas a ele. Jesus Cristo era divinamente entusiasmado com a mensagem que tinha de levar ao Pai dentro de cada homem. Ele estava entusiasmado com a fé. E disse às pessoas que tudo o que "pedissem em Seu nome" lhes seria dado. Era uma mensagem de pedir e receber. Ele lhes disse exatamente como cumprir a lei espiritual. "Tudo o que pedirdes em oração, se crerdes, recebereis." "Por que temeis, homens de pouca fé?"

Após dois mil anos, Seu fogo divino é reacendido na consciência de todos os estudantes da Verdade. Estamos tendo um renascimento cristão, um novo nascimento, um ressurgimento da cristandade. Ele ensinou um princípio universal, sem credo ou cerimônia. Vemos membros de todas as religiões vindo para o movimento da Verdade. Isso não os afasta de suas igrejas. De fato, muitos clérigos ensinam agora o que os metafísicos estão ensinando, pois Jesus Cristo é o maior de todos os metafísicos, porque Ele provou seus princípios e fez que milagres acontecessem. Enviou seus discípulos "a pregar o Reino de Deus e curar os enfermos". Sua mensagem sobreviveu por aproximadamente trezentos anos e, então, seu fogo divino se perdeu e as palavras "sê curado" não foram mais pronunciadas. O credo e a cerimônia tomaram seu lugar. Agora vemos pessoas reunindo-se em centros da Verdade para serem curadas, abençoadas e tornarem-se prósperas. Elas aprenderam a "orar corretamente" e têm conhecimento da fé.

Uma mulher me contou sobre uma oração atendida. O filho dela havia escrito dizendo que estava indo a negócios para o sul da Califórnia, de carro. Ela leu no jornal matinal sobre uma enchente e se pôs a proferir a palavra pedindo por proteção divina. Ela teve um profundo sentimento de segurança, pois sabia que o filho estaria protegido. Logo, recebeu notícias dele dizendo que alguns assuntos haviam interferido em sua partida e, por isso, ficara retido. Se ele tivesse partido quando imaginava, teria estado na região inundada.

Ficamos divinamente entusiasmados com nossas preces atendidas, o que chamamos de "manifestações", porque isso significa que manifestamos a verdade e fomos libertos de alguma limitação.

O Salmo 24, entre muitos salmos de louvor e graças, é um dos mais arrebatadores. "Abri-vos, ó portais; abri-vos, ó portas antigas, para que o Rei da Glória entre. Quem é o Rei da Glória? O Senhor forte e valente, o Senhor valente nas guerras."

O PODER INVISÍVEL DA PALAVRA

Os portais e portas simbolizam a consciência do homem. Enquanto você ascende em consciência, entra em contato com o superconsciente, o Deus interior, e o Rei da Glória entra. Esse Rei da Glória ergue seus fardos e luta suas batalhas, além de resolver seus problemas.

Uma pessoa comum tem dificuldade em DEIXAR o Rei da Glória entrar. Dúvida, medo e apreensão mantêm as portas e os portões trancados contra a sua prosperidade.

Uma aluna me contou sobre uma situação atraída por seus pensamentos negativos. Ela tinha sido convidada para uma reunião de antigos amigos que não via há muito. Era de extrema importância que estivesse presente. Ela estava tão ansiosa para ir que repetiu para si mesma: "Quero estar muito bem nesse encontro ". O dia da festa chegou e ela acordou com uma enxaqueca terrível. Já estivera assim tempos atrás, o que a fez ficar na cama por vários dias. Suas dúvidas e medos tinham atraído essa decepção. Ela então me ligou e pediu:

– Você poderia, por favor, proferir a palavra de que estarei bem à noite para ir à confraternização?

Respondi:

– É claro, nada pode interferir no plano perfeito de Deus.

Assim, proferi a palavra. No dia seguinte, ela me contou do milagre. Disse que, apesar de como se sentia, arrumou-se para ir. Limpou suas joias, deixou o vestido preparado para usar e cuidou de cada detalhe, inclusive do cabelo, apesar de mal conseguir mexer a cabeça. No fim da tarde ela disse ter sentido uma sensação peculiar, como uma névoa sendo removida de sua consciência, e ficou perfeitamente bem. Ela foi ao encontro dos velhos amigos e se divertiu muito com eles. Acredito que a cura poderia ter surgido mais rápido se ela não tivesse dito "que queria estar bem à noite".

Estamos sempre nos limitando pelas nossas palavras, então ela só ficou bem à noite. "Porque pelas tuas palavras serás absolvido e pelas tuas palavras serás condenado."

Conheci um homem que era um centro de atração aonde quer que fosse, porque estava sempre entusiasmado com alguma coisa. Seja sapatos, roupas ou um corte de cabelo, ele incentivava os outros a comprarem as mesmas coisas. Ele não ganhava nada material com isso, era apenas entusiasmado por natureza. Alguém disse: "Se você quer ser interessante para os outros, se interesse por algo". Uma pessoa interessada é uma pessoa entusiasmada. Muitas vezes ouvimos as pessoas perguntarem: "No que você tem interesse?".

Muitas pessoas não têm interesses vitais e estão sedentas para ouvir o que os outros estão fazendo. Elas costumam ser as pessoas que deixam o rádio ligado do início da manhã até tarde da noite, pois precisam ficar entretidas todos os minutos do dia. Seus assuntos não são interessantes o bastante.

Certa vez uma mulher me disse: "Adoro saber dos outros". Ela vivia de fofocas. Suas conversas consistiam em "me disseram", "deram a entender" ou "ouvi dizer". É desnecessário dizer que agora ela está pagando seu débito cármico. Uma grande infelicidade a atingiu e todos sabem sobre a vida dela. É perigoso negligenciar os próprios assuntos e ter uma curiosidade fútil pelo que os outros estão fazendo. Todos deveríamos estar ocupados em nos aperfeiçoar e em ser bondosos com os nossos semelhantes.

Tire vantagem das suas decepções ao transformá-las em surpresas felizes. Transforme todo fracasso em sucesso. Transforme falta de perdão em perdão; toda a injustiça em justiça. Você vai se manter ocupado o suficiente aperfeiçoando a própria vida, não tendo tempo para cuidar dos assuntos de outras pessoas.

O PODER INVISÍVEL DA PALAVRA

Jesus Cristo provoca o entusiasmo das multidões ao executar milagres, curar os enfermos e ressuscitar os mortos. "E uma grande multidão continuava a segui-lo, porque via os milagres que Ele tinha realizado nos doentes." Ao lermos isso, sentimos o entusiasmo das multidões que o cercavam. Com Ele, todas as coisas são possíveis, pois sabia que Ele e o Pai eram, de fato, um.

Com o entusiasmo divino, abençoo o que tenho e observo com admiração o seu crescimento.

Sobre a autora

Florence Scovel Shinn foi uma artista e professora de metafísica em Nova York, no início do século XX. Seus livros são, de fato, notáveis. Relativamente curtos, mas profundos. Neles, ela mostra que podemos desfrutar de uma série de conquistas de saúde, prosperidade e felicidade. Ela compartilha histórias reais de muitos de seus clientes para ilustrar como atitudes e afirmações positivas, sem dúvida nenhuma, tornam alguém um "vencedor", capaz de controlar as condições da vida e extravasar a abundância por meio do conhecimento da lei espiritual.

Florence Shinn é uma das professoras mais bem-sucedidas e populares do século passado. Aparentemente, também tinha muitos seguidores em seu auge, pois suas aulas eram bem frequentadas e seus livros, bastante populares, não só nos Estados Unidos, mas também no exterior.

O PODER INVISÍVEL DA PALAVRA

Nasceu em 24 de setembro de 1871, em Camden, Nova Jersey. Sua mãe era a senhora Emily Hopkinson, da Pensilvânia. Seu pai, Alden Cortlandt Scovel, advogado em Camden. Além de Florence, tinham uma filha mais velha e um filho mais novo.

Foi escolarizada na Filadélfia, na Friends Central School, e estudou arte na Academia de Belas Artes da Pensilvânia, de 1889 a 1897. Foi lá que conheceu seu futuro marido, Everett Shinn (1876 –1953), um pintor igualmente renomado, de telas impressionistas e murais realistas.

Apesar de Florence ter sido educada na Academia de Artes, seus desenhos com tinta e caneta resultam de um talento natural, e não de treinamento técnico.

Logo após a formatura de Florence na Academia, Everett e ela se casaram. Os Shinns se mudaram para Nova York, onde seguiram carreiras separadas na arte. Everett interessava-se pelo teatro e não só desenhava e pintava nessa área como também construiu um pequeno teatro no quintal dos fundos da casa- estúdio onde moravam, no número 112 da Waverly Place, próximo à Washington Square. Ele organizou os "Atores de Waverly" e escreveu três peças, nas quais Florence interpretava o papel principal.

Antes da Primeira Guerra Mundial, ela era ilustradora de literatura infantil popular, em revistas e livros. Em 1912, após catorze anos de casamento, Everett pediu o divórcio.

Em 1925, sem conseguir encontrar um editor para "*O jogo da vida e como jogá-lo*", ela própria o publicou. "*A força da palavra criadora*" foi publicado em 1928 e "*A porta secreta para o sucesso*", em 1940, pouco antes de sua morte, em 17 de outubro de 1940. "*O poder invisível da palavra*" é uma coleção de anotações, reunidas por um aluno e publicadas postumamente em 1945.

FLORENCE SCOVEL SHINN

Florence Scovel Shinn tinha a habilidade de explicar os princípios de seu sucesso e como eles funcionam, em um estilo agradável e fácil de ler. Ao compartilhar histórias da vida real, ela ilustra como atitudes e afirmações positivas, sem dúvida nenhuma, tornam alguém um "vencedor", capaz de controlar as condições da vida e libertar a abundância por meio do conhecimento da lei espiritual.

A senhora Shinn repercutiu para uma esfera mais ampla com o "*O jogo da vida*", em 1940, mas, por meio de seus escritos artísticos e inspirados, deixou uma marca indelével na tela da vida do planeta Terra, que perpetuará expandindo os horizontes de homens e mulheres ao redor do mundo, por muitas gerações.